KB274108

아랍어 표현 연습

전완경, 윤용수 공저

문예림

저 자

전 완 경

한국외대 아랍어과 졸업
동대학원 졸업(문학 석/박사)
이집트 카이로 아메리칸 대학교 연구교수(1992~1994)
부산외국어대학교 아랍어과 교수 / 국제통상지역원 원장 / 한국 아랍어 아랍 문학회 회장 (현)

(저서 및 역서)
우리동네 이야기(역)
이집트 단편 소설 연구(저)
외국어계 고등학교 아랍어 작문 I , II 외 다수

윤 용 수

부산외대 아랍어과 졸업
한국외대 아랍어과 대학원 졸업(문학 석/박사)
요르단 대학교 Post Doctor (2000)
부산외국어대학교 지중해연구소 연구교수(현)/한국아랍어 아랍문학회 편집 · 출판이사(현)

(저서)
외국어계 고등학교 아랍어 작문 II
외국어계 고등학교 실무 아랍어

아랍어 표현 연습

펴 낸 날   2003년 8월 18일
지 은 이   전완경, 윤용수
발 행 인   서 덕 일
발 행 처   도서출판 문예림
출판등록   1962년 7월 12일 제 2-110호
주 소   서울 광진구 군자동 195-21호 문예빌딩 201호
전 화   02-499-1281~2
팩 스   02-499-1283
홈페이지   http://www. bookmoon.co.kr
          E-mail:book1281@hanmail.net
I S B N   89-7482-235-0 13790

머리말

아랍어는 현재 아라비아반도와 북부 아프리카 지역의 아랍 연맹(Arab Union)에 속한 22개국 약 3억의 인구가 모어로 사용하고 있으며, 전 세계 13억 무슬림들의 종교어이기도 하다. 또한 중세 시대의 문명어로서 아랍·이슬람권 지역의 문명과 문화 발달을 이끈 언어이기도 하다.

아랍어의 이러한 빛나는 전통과 광범위한 분포는 오늘날 아랍어를 UN의 6대 공용어로 지정하게 만들었다. 아랍어의 이러한 중요성 때문에 한국에서도 아랍어 교육이 시작되어 40년 가까운 시간이 흐르고 있다.

그 동안 한국에서의 아랍어 연구와 교육은 비약적으로 발전하여, 마침내 교육부의 제7차 교육과정에서는 중학교와 고등학교에서 아랍어 교육을 실시하기로 결정하였고, 2003년에는 아랍어 교육을 위한 교재들이 제작되었다.

이러한 과정속에서 아랍어를 학습하려는 사람들에게 작은 도움이라도 되었으면 하는 바램에서 『아랍어 표현 연습』을 출간하게 되었다.

이 책에서는 일상 생활에서 많이 사용되는 다양한 표현법들을 정리해 보았다. 그 동안 아랍어를 공부해 오면서, 또 대학에서 강의해 오면서, 다양한 아랍어 표현들을 제계적으로 징리해 보면 아랍어 공부에 많은 도움이 되겠다는 생각을 해 왔었다. 따라서 『아랍어 표현 연습』은 이러한 고민과 바램의 결과다.

『아랍어 표현 연습』에서는 주제에 따른 아랍어의 다양한 표현과 함께 아랍 사회에 대한 이해를 돕기 위해서, 아랍 문화와 관습에 대한 소개를 했다. 외래어의 효율적인 학습과 습득을 위해서는 해당 언어의 문화에 대한 이해가 필수적이기 때문이다. 또한 한국인들의 아랍 문화에 대한 편견과 오해를 줄이고자 하는 바램도 함께 있다.

이 책에 부족한 부분이 많아 출판을 앞두고 많은 걱정과 두려움이 생긴다. 더 많은 수정과 보충이 필요하다는 것을 알지만, 이 점들은 개정판에서 보완하고자 하며 이 책을 읽을 분들이 잘못된 점과 보완할 부분을 지적해 주시기를 바란다.

끝으로, 이 책의 출판을 허락해 준 문예림에 감사의 마음을 전한다.

2003. 여름 우암골 연구실에서

저 자

목 차

I 아랍어.
어떤 언어인가?

　21세기 현재 아랍어는 UN이 지정한 6대 공용어중의 하나이며, 아라비아 반도와 북부 아프리카에 걸쳐 있는 아랍 연맹에 소속된 22개국의 공식어이다.　또한 3억에 달하는 아랍인들의 모어이며, 이슬람교의 종교어이기도 하다.

　전 세계 13억에 달하는 무슬림들이, 본인의 모어와 국적에 관계없이 예배를 드릴때 아랍어로 예배를 드리고 있다는 사실은 이슬람교와 아랍어의 밀접한 관계를 설명하고 있다.　아랍인들과 무슬림들에게 이슬람교는 종교이기 이전에 그들의 삶의 방식이고 철학이다.　따라서 이슬람교의 교리를 담고 있는 꾸란과 꾸란을 기록한 언어인 아랍어에 대한 아랍인들의 경외심은 비아랍인이나 비무슬림들의 상상을 뛰어 넘는다.　이는 아랍인들의 정신 세계를 받치고 있는 기둥 중의 한가지가 아랍어라는 점에서도 확인되고 있다.

　아랍어는 오랜 역사를 지니고 있는 언어다. B.C.1세기 경의 나바트어에 문자의 기원을 두고 있는 아랍어는 A.D.6세기 이전부터 아라비아 반도에서 구어체 언어 형태로 사용되기 시작하여, 꾸란의 편찬, 아랍·이슬람 제국의 발전과 함께 빠른 속도로 발전해 갔으며, 인류 역사의 발전에도 커다란 기여를 했다.

　인류의 역사를 통해서, 인류 발전의 중심은 시대에 따라 동서양을 넘나 들고 있는 것을 알 수 있다.　세계 4대 문명의 발생지가 모두 동양에 위치하고 있다는 것은 인류 문명의 기원이 동양임을 의미한다.　이어서 기원 전후로 예수의 탄생, 그리스로마 제국의 번성과 발전은 인류 발전의 동인이 서양으로 건너 갔음을 말한다. 그러나 A.D. 7세기 아라비아 반도에 선지자 무함마드의 출현, 이슬람교의 전파, 아랍·이슬람 제국의 성립·융성과 함께 인류의 패권은 동양이 차지하여 A.D.13세기까지 계속되었다. 이 시기 서양은 '중세 암흑기'로 불리우는, 문화의 암흑기 시대였다. 이후 A.D.1258년 '이슬람 제국의 황금기'로 불리우던 압바시야 제국이 몽골에게 멸망한 후, 아랍 이슬람 제국의 침체기는 시작되었고, 곧이어 서양에서의 문예부흥 (Renaissance)과 산업 혁명 등과 함께, 인류의 발전은 다시 서양이 주도하게 되었고 이는 현재까지 계속되고 있다.

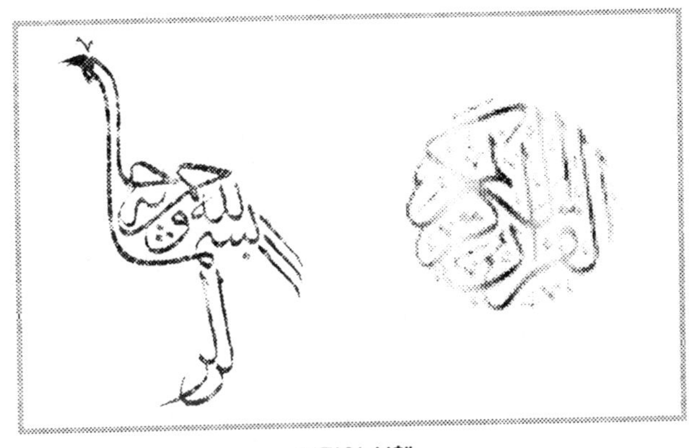

아랍어 서체

이러한 인류 역사의 발전 과정에서 아랍인들은 인류 문명과 문화의 보존이라는 측면에서 커다란 기여를 했다. 우마이야 왕조(A.D.660-725)와 압바시야왕조(A.D.725-1258)시대에 그리스와 로마의 발전된 학문과 문명을 적극적으로 받아 들여 이를 보전, 발전시켜 이후 서양 세계에 다시 전달했다는 문명의 전달자로서의 역할은 결코 간과되어서는 안될 업적이다.
서양의 학문과 문명을 아랍어로 번역하는 과정은 인류 문명의
보존이란 측면 외에도 아랍어를 세계어로 발전시키는 계기가
되기도 했다.

아랍어의 이러한 역사적, 문화적, 세계적인 중요성에도 불구
하고, 한국에서의 아랍어는 지나치게 과소평가되고 있는 것이
사실이다. 이는 무지와 편견의 결과라 생각한다.

따라서 여기에서는 아랍어의 태동기였던 자힐리야시대(이슬
람 이전시대)부터 아랍어와 아랍 문화의 황금기를 구가했던
압바시야 왕조와 쇠퇴기였던 오스만 터키시대까지 아랍어의
발전 과정을 시대 변화에 따라 약술함으로써, 아랍어에 대한
이해를 돕고자 한다.

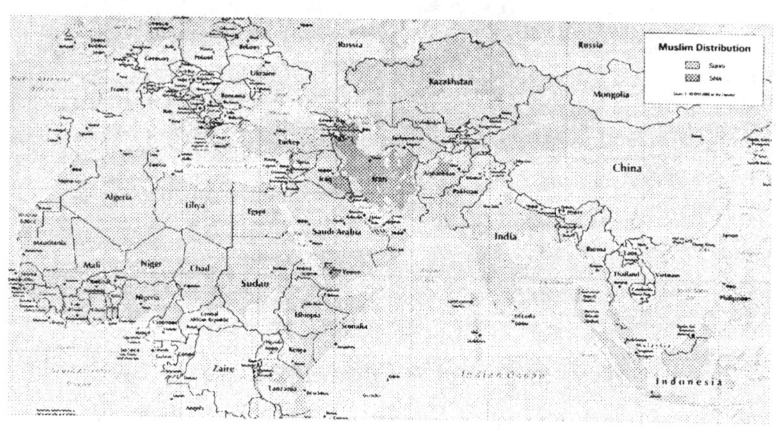

전 세계 무슬림 분포도

   자힐리야 시대란 아랍어의 의미 그대로 '무지' 또는 '야만'의 시대를 말하며, 아라비아 반도에 이슬람교가 도래하기 이전인 히즈라 원년(A.D.622년) 이전의 시대를 말한다. 따라서 이 시기는 넓은 뜻으로 보면, A.D.622년 이전의 전 시대를 말하나, 구체적으로는 히즈라 원년부터 약 150년 전 까지를 가리킨다.

   당시 아라비아 반도에는 정착민도 있었지만, 사막이라는 지역적인 특수한 환경때문에 자주 이동하는 유목민이 많았고, 그들의 사회적인 환경과 주변 여건 때문에 기록 문화보다는 구전 문화가 발달하였다.

   이런 구전 문화의 관습은 문학에도 영향을 끼쳐, 문학에서도 시가 가진 독특한 리듬과 운율과 각운으로 인해 시가 산문보다 암송하기 쉬워 장문의 산문 보다는 짧은 시가 발달하였다. 그 결과 아랍의 대표적인 문학 장르는 시가 되었고, 현대에 와서 아랍인들은 '서양의 비행기와 아랍의 시를 바꾸지 않겠다'고 말할 정도로 시는 아랍인들의 문화적 자랑이며 긍지가 되었다.

   아랍인들의 이러한 구전 문화의 관습때문에 자힐리야 시대의 언어 상황에 대해서는 기록으로 남은 자료가 부족해 구체적으로 파악하기는 힘들다.

   당시의 언어 상황을 연구할 수 있는 자료로는 다마스커스 부근 두루즈산 동부의 나자라(Najara) 부조, 유프라테스강 부근의 라이드(Raid)부조와 아라비아 반도내의 극소수의 부조들에서 발견된 단편적인 낱말들과 초기 이슬람 시대의 하디스 등이 남아 있을 뿐이다.

당시의 사회 상황으로 비추어 볼때, 반도의 지리적인 여건으로 인해 각 부족들은 어느 정도 고립되어 있었고, 이런 고립이 지속됨에 따라 각 부족들은 다른 부족들과 구별되는 각각의 독특한 방언들을 지니게 되었다.

이 당시의 대표적인 부족으로는 아라비아 반도 서부 지역의 꾸라이쉬 부족, 키나나 부족, 후다일 부족과 동부 지역의 타밈 부족, 우까일부족, 반도 북부 지역의 아사드 부족, 따이 부족, 칼브 부족 등을 들 수 있다.

그러나 사막이라는 열악한 환경 속에서 자급 자족이 불가능하였기 때문에, 다수의 아랍 부족들은 반도 전지역에 흩어져 지내면서도 부족간에 직·간접적인 교류를 지속하였다.

사막의 베드윈들

이 교류는 전쟁등과 같은 배타적인 접촉도 있었지만, 상호 필요한 물건의 교환이나 매매와 같은 공생적인 접촉도 함께 이루어졌다. 이러한 각 부족간의 접촉은 멕카(Mecca)에 있었던 우카즈(Ukaz) 등의 시장에서 활발하게 이루어졌다. 당시 시장의 기능은 단순히 상품을 상호 교환하는 장소 뿐만 아니라, 각 부족의 시인과 연설가들이 자신 부족의 용맹함과 미덕을 서로 자랑하는 공간이기도 했다.

이런 시장에서는 각 부족의 부족 방언과는 별도로, 부족들 간에 상호 통용될 수 있는 언어 변종인 공통어(common language)가 발달했다. 이 공통어는 다소 격식적인 언어 변종으로서, 일반인들이 이해하기 쉬운 형태는 아니었다. 이 변종은 여러 부족의 시인과 연설가들이 시장에서 자신의 부족을 자랑하고, 상대방 부족을 공격할 때나, 상인들이 교역을 위해 주로 사용되었다.

이슬람교와 꾸란이 출현할 당시 아라비아 반도는 서부 히자즈 지역의 꾸라이쉬 부족과 동부의 타밈 부족이 다른 부족들에 대해 정치적, 경제적, 군사적, 문화적, 종교적 우위를 차지하고 있었다는 점을 통해서 꾸라이쉬와 타밈 부족의 방언이 공통어에 지대한 영향을 끼쳤음을 짐작할 수 있다.

이 공통어는 무함마드가 꾸란을 계시 받은 후 기록에 사용된 언어 변종이며, 이후 꾸란의 편집과 기록에 사용되어 고전 아랍어(Classical Arabic)의 모태가 되었다는 주장이 비교적 정설로 받아 들여 지고 있다.

3 초기 이슬람 시대(A.D.632~660)의 아랍어

초기 이슬람시대란 선지자 무함마드 사후(A.D.632)부터 우마이야왕조가 건국(A.D.650)되기 까지의 시기를 말하며, '정통 칼리파시대'라 부르기도 한다.

아라비아 반도에 이슬람교의 등장은 정치, 사회, 문화, 종교, 언어 등 전반에 걸쳐 커다란 변화를 초래하는 계기가 되었다.

이슬람교는 정치적으로는 반도의 여러 곳에 흩어져 있던 아랍 부족들을 원시적인 형태였지만, 하나의 국가로 통일시켰고, 사회적으로는 이슬람 신학 사상에 따라 배타적인 부족 주의 대신, 이슬람 공동체(Umma)를 건설하였으며, 남녀 평등과 빈부의 격차를 해소하기 위한 자카트(zakah)제도와 같은 사회 보장 제도를 확립했다.

종교적으로는 우상 숭배를 폐지하고, 다신교 신앙을 유일신 사상으로 통일시켰다. (하나님 외에는 신이 없다, 무함마드는 하나님의 사도다) 언어적으로는 꾸란이 편집되는 과정에서 아랍어의 성문화와 문법의 발달이라는 발전을 이루었다.

이처럼 아라비아반도에 이슬람교의 출현은 단순한 종교의 출현이 아니라, 사회 전반에 걸친 일대 변혁의 계기가 되었으며, 찬란했던 아랍 이슬람 역사의 시발점이 되기도 했다.

헤지라 이후 메디나에서 교세를 확장하고, A.D.630년경 에 멕카에 무혈입성하여 꾸라이쉬 부족을 굴복시킨 것을 계기로 아라비아 반도에 선지자 무함마드의 추종 세력은 급속하게 증가했고, A.D.632년에 무함마드가 사망할 당시에는 이슬람교의 영향력이 거의 반도 전역에 달했다. 그러나 아랍 부족들의 무함마드에 대한 복종은 선지자 무함마드 개인에 대한 것이었기 때문에, 그의 사망과 함께 아라비아 반도 부족들의 충성심 역시 약화되거나 사라졌고, 무함마드 이후의 칼리파들에게 반란을 일으키기 시작했다. 이런 반란을 칼리파들은 묵과하지 않고, 단기간에 진압했고, 안정을 영구화하기 위해서는 아라비아 반도 내외부에 걸친 군사정복 밖에 없다는 결론을 내렸다.

  또한 무함마드가 임종시 비신자를 이슬람교로 개종시키는 것은 무슬림의 의무라 유언하여, 그들 정복 활동의 신앙적 배경이 되었고, 정복에 따른 경제적인 부의 획득도 정복 활동의 중요한 동기였다.

  이들 아랍 정복군은 당시의 양대 강국이었던 비잔틴 제국과 사산조 페르시아왕국이 오랜 대립과 전쟁으로 인해 피폐해진 틈을 타 이들 왕국을 붕괴 시켰다. 아랍 군대는 야르묵전투(A.D.636년) 후에 시리아를 비잔틴 제국에서 분리시켰고, 같은 해에 이라크의 대부분을 정복하였다. A.D. 639-642년에 이집트를 정복하였고, A.D.640-642년에 페르시아를 정복하였다.

  이들 정복지에는 아랍인의 거주 지역인 암사르(Amsar, 군영도시)를 건설하여 아랍인들을 정착시켰고, 이 암사르를 통해 정복지에서 아랍인과 비아랍인들 간의 사회, 문화적 교류가 이루어졌다.

  비교적 단 시일내에 일어난 이러한 사회적 변화는 언어에도 큰 변화를 가져왔다. 당시의 아랍어는 개별 언어로서 충분히 발달하지 못한 상태였다. 문자에서 16개의 글자가 28개의 음소를 나타내고 있었다. 당시에 사용되던 글자는 ي, و, ه ا, ب, ح, د, ر, س, ص, ط, ع, ف, ك, ل, م 인데, 하나의 글자가 여러 개의 음소를 표시하였다. 예를 들어 /ب/는 /ب/, /ت/, /ث/, /ن/를, /ح/는 /ج/ /ح/, /خ/를, /د/은 /د/, /ذ/를, /ر/는 /ر/, /ز/를 /ف/는 /ف/, /ق/를 나타냈다. 물론 모음을 표시하는 기호나, 중복 자음과 묵음을 표시하는 기호도 없었다.

통사론과 형태론에 있어서도 극히 기초적인 단계에 머물러 있었는데 이는 아랍인들의 유목 문화와 구전 문화의 영향이 크다.

그러나 아랍 사회가 아라비아 반도내의 일개 부족 또는 부족 연합체에서 광활한 영토를 지닌 거대한 제국으로 변모함에 따라 아랍어도 이에 발 맞추어 변화해야만 했다. 이런 상황에서 아랍어는 두 가지 어려움에 직면했다.

첫째는 아랍인들에게 세상에서 가장 순수한 언어로 간주되는 아랍어가 다른 언어와 접촉함으로써 야기되는 아랍어 순수성의 훼손과 변질이다.

자힐리야시대부터 이어져 온 아랍인들의 구전 문화의 전통은 이슬람 초기에도 그대로 계승되었고, 이러한 구전 문화의 전통때문에 하나님의 계시인 꾸란도 무함마드 생존시까지는 암송가들에 의해 암기되어 구전되었다. 무함마드 생존시에는 꾸란의 애매한 부분이나 기억이 흐려진 부분은 그에게 질문하여 확인할 수 있었으나, 그의 사후에는 확인할 방법이 없어 결국 기록에 의존할 수 밖에 없었다. 이 문제는 비단 언어학자들의 문제일 뿐만 아니라 종교와 정치 지도자들의 공통의 문제였고, 이 문제의 해결책을 고심하는 과정에서 아랍어는 비약적인 발전을 했다. 즉, 아랍어의 순수성을 보전하려는 노력은 아랍 언어학의 발전과 함께 아랍어의 성문화를 가져왔다.

제1대 정통 칼리파 아부 바크르(Abu Bakr, A.D. 632~634)와 제2대 칼리파 오마르 (Omar, A.D.634~ 644)를 거쳐 제3대 칼리파 오스만 (Uthman, A.D.644 ~656)에 이르러 꾸란이 최종 편집되고, 이 오스만본이 현재까지 변하지 않고 전해지고 있는 꾸란이다.

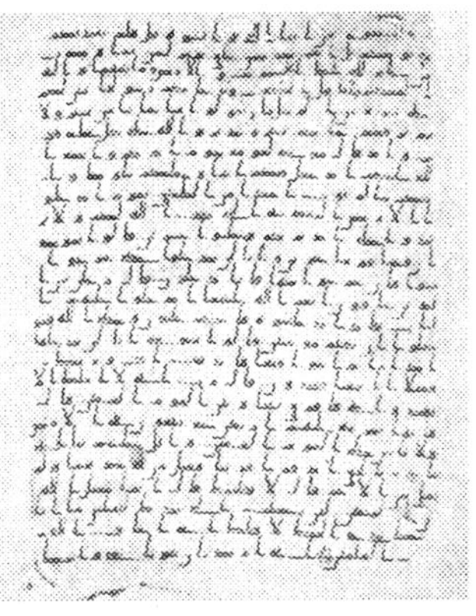

A.D.7세기의 꾸란 필사본

아랍-이슬람제국의 확장과 아랍어의 보급에 따라 멕카와 메디나에서 멀리 떨어진 지역에서 사용되는 아랍어는 현지의 토착어와 융화되어 아라비아 반도의 아랍어와는 다른 언어 형태로 나타났다. 이러한 상황에 대해 아랍의 대표적인 역사학자인 이븐 칼둔(Ibn Xaldun)(A.D.1046년 사망)은, 그의 저서인 『Al-Muqaddimah』에서 "꾸라이쉬 방언의 우수성과 순수함은 꾸라이쉬 부족이 비아랍 국가로 부터 멀리 떨어져 있기 때문이다. 따라서 꾸라이쉬 부족으로 부터 멀리 떨어져 있는 페르시아, 비잔틴, 아비시니아와 인접하고 있는 다른 아랍 부족은 잘못된 언어 습관을 가지고 있다"고 주장했다.

정복지에서 아랍어는 지배 언어의 역할은 하였지만, 외래 문화와 외래어의 영향으로부터 자유로울 수는 없었기 때문에 아랍어의 변이는 불가피한 것이었다. 이러한 아랍어의 변이된 형태에 대해 꾸란의 아랍어는 순수한 아랍어의 모델로 간주되었다.

둘째는 아라비아 반도의 일개 부족 방언을 거대한 제국의 언어로 사용하는데 따른 문제점이다.

정복지에서 아랍어는 정복자들의 언어로서 정복지 원주민의 언어에 대해 우월한 위치를 차지했고, 상류층의 언어로서 그 위신을 갖춘 것은 사실이다.

그러나 반도의 아랍 부족이 비잔틴 제국이나 사산조 페르시아 제국에 비해 문화적으로 우수한 민족은 아니었으며, 또한 그들의 유목 전통때문에 정착 생활에 적합한 정치, 경제, 행정, 법률 등에 대한 지식과 용어가 부족하여 아랍인들이 정복한 국가들을 처음부터 수월하게 통치할 수 있었던 것은 아니다. 즉, 군사적으로는 아랍 민족이 주변 국가들을 정복 하였으나, 문화적으로는 오히려 피정복 국가의 영향을 받는 역류현상이 나타났다. 이런 현상은 언어에서도 마찬가지였다.

아랍어에 부족한 어휘와 새로운 지식을 보완할 필요성은 점차로 커졌다. 이런 필요성때문에 실제로 많은 새로운 어휘들이 유추에 입각한 파생이나 은유, 합성, 아랍어화 (Arabization) 등의 방법을 통해 만들어 졌다. 또한 시리아어, 아람어, 콥트어, 그리스어, 페르시아어 등에서 새로운 어휘가 차용되어 아랍어의 어휘를 풍부하게 했다.

4 우마이야 왕조 시대(A.D.660~750)의 아랍어

우마이야 왕조의 출현은 아라비아 반도에 최초의 아랍 국가 수립이라는 측면에서 의미를 가진다.

우마이야왕조 아랍 제국의 성격은 그 정치 형태가 유기적인 정치 통일체가 아니라 거대하게 확대된 지역 연합의 성격을 지니고 있었다. 즉, 우마이야왕조 지배층의 권력은 절대적인 신권이나 강력한 군주의 그것이 아니라 이슬람 이전 시대 부족 공동체의 장이었던 사이드(Sayid)의 권위가 확대 재생산된 수준이었다.

이러한 정치 사회 형태는 유럽의 중세 봉건제도와 유사한 것으로서 정복 이후에 점령지의 기존 제도와 질서를 파괴하고 새로운 질서를 세운 것이 아니라, 중앙 정부에서는 각 지역의 통치를 위해 총독을 파견하고, 지방의 통치는 총독에게 일임하여 중앙 정부에는 단지 세금만을 바치도록 했다. 이들 총독들은 조세 수입의 감소를 방지하고, 아랍인들의 사회적인 특권을 유지히기 위하여 비아랍인들의 이슬람 개종을 강요하지는 않았다. 그 대신 많은 조세를 징수하고, 그 세금에 대한 대가로서 피정복민들의 종교적, 신분적 자유를 인정했다. 그 결과 우마이야왕조는 외형상으로는 통일을 이루었지만, 실질적으로 각 정복 지역은 저마다 과거의 성격과 색채를 어느 정도 유지하고 있었다.

우마이야 왕조는 본질적으로 아랍적인 성격을 띄고 있는 왕조였다. 그들은 전통적인 아랍인들의 관습처럼 언어 교육에 관한한 최고의 교육은 사막에서 이루어진다고 생각하여, 순수한 아랍어와 베드윈의 정신을 가르치기 위하여 많은 아이들을 사막으로 보냈다. 우마이야 왕조시대에 훌륭한 아랍어의 구사와 정확하고 풍부한 문법 지식은 개인은 물론 부족의 영광이었으며, 상류 사회의 상징인 동시에 왕위 계승을 위한 필요조건중의 하나였다. 따라서 칼리파들은 칼리파 계승자들을 일찍부터 사막으로 보내어 베드윈들에게서 아랍어를 배우도록 했다.

우마이야왕조 시대에 아랍인의 정복 활동과 함께 퍼져 나간 아랍어가 정복 지역에서 지배층의 언어로서 그 위상과 영향력을 발휘하였지만, 아랍 정부는 정복지의 주민들에게 아랍어의 사용을 강요하지는 않았다. 물론 칼리파나 귀족 계급 같은 아랍 지배층은 아랍어를 사용하였지만, 정복지의 많은 지역에서는 행정어로서 각 지역의 토착어가 여전히 사용되었다. 따라서 우마이야왕조의 초기에는 아랍어가 행정어로서의 역할을 충분히 수행하지는 못했다. 우마이야 왕조 초기의 이런 상황은 정복지에서 아랍어의 보급과 발전을 위해 많은 노력을 기울이지 않은 중앙 정부의 탓도 있지만, 전술한 것처럼, 제국의 언어로서 사용할 수 있을 정도로 아랍어가 충분히 발전하지 못한 것도 중요한 이유다.

그러나 압둘 알 말리크(Abdul al-Malik, A.D.685-705)와 알 하자즈(Al-Hajjaz, A.D. 714년 사망)의 아랍어 개혁에 힘입어 아랍어는 개별 언어로서의 체계를 갖추어 나갔고, 계속적인 발전을 위한 기틀을 마련하였다.

압둘 알 말리크와 알 하자즈의 언어 개혁 이후에 정복지의 행정어는 점차로 아랍어로 대체되어 갔고, 결국에는 전 이슬람 국가에서 공용어로 사용할 수 있을 정도로 발전되었다.

우마이야왕조 시대에 아랍어가 발전할 수 있었던 또 다른 요인은 아랍어는 꾸란의 언어라는 인식이 보급되어 아랍어를 배우고, 구사하는 마왈리(비아랍계 무슬림)들이 증가하였다는 점이다. 아랍어가 사회적으로 상류 사회의 언어라는 매력과, 무슬림으로서의 실질적인 혜택과 직업의 기회 등으로 인해 아랍어를 배우려는 마왈리들이 급속하게 증가한 것이다.

이슬람 초기와 우마이야왕조의 아랍어가 성문화를 포함하여 눈부신 발전을 이룰 수 있었던 요인은 아랍어 자체의 우수성보다는 언어외적인 요인에 주로 의존했다. 즉, 아랍어는 꾸란의 언어로서 가장 순수한 천상의 언어라는 종교적인 믿음과 아랍인들이 군사적인 힘으로 취득한 정복지에서 아랍-무슬림들에 대한 우대 정책과 그들의 특권에 대한 비아랍인들의 동경이 아랍어의 습득을 유발하는등 여러가지 복합적인 요인들이 상승 작용을 일으켰기 때문이다.

아랍어의 발달에 있어 우마이야왕조는 아랍 왕조 최고의 황금기를 누린 압바시야왕조에서 아랍어의 급속한 발전을 위한 언어적인 기반을 마련했다는 점에서 그 중요성을 말할 수 있다.

압바시야왕조는 우마이야왕조의 특징과 유산을 상당 부분 계승한 것은 사실이지만, 우마이야 왕조가 생득적(生得的)인 아랍인의 우위를 강조하며, 아랍적인 성격이 강한 아랍인 중심의 왕조였다면, 압바시야왕조는 아랍인들이 중심이 되었지만, 마왈리(비아랍계 무슬림)들이 중앙 무대에 대거 등장하여 그 영향력을 발휘한 이슬람 왕조라 할 수 있다. 압바시야왕조에 마왈리들의 정치, 사회적 신분이 상승될 수 있었던 것은 압바시야왕조의 건국에 마왈리 (특히, 페르시아 출신) 들이 커다란 역할을 했었다는 압바시야 왕조의 태생적인 특징과 관련이 있다.

우마이야왕조에서는 아랍인들이 정치적, 사회적 특권을 차지하면서 우대를 누렸고, 마왈리들은 단지 아랍인들의 피지배 계층으로서의 지위에 만족해야 했으나, 압바시야왕조에서는 더 이상 이런 상황이 유지되지 않았다.

아랍인들이 누리던 세제상의 혜택과 국가로부터의 특권은 철폐되었고 아랍 정복군의 지위도 저하되었다. 암사르의 성격도 주둔군의 병영 도시에서 시장과 상품의 교환 장소로 바뀌었다.

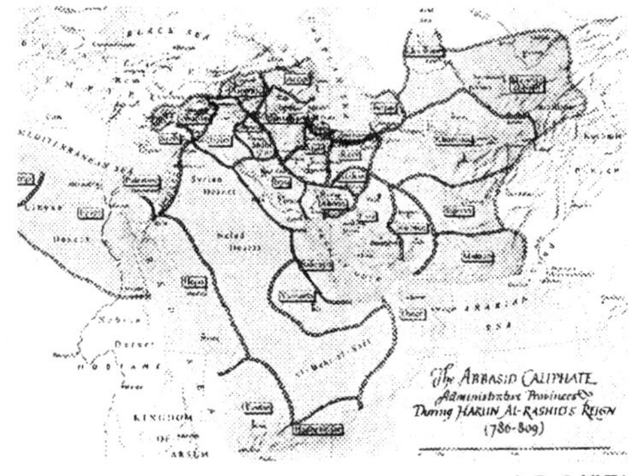

A.D.8세기 압바시야 제국의 영토

관리의 등용에 있어서도 인종이나 민족이 고려된 것이 아니라 개인의 능력에 따라 각자의 지위가 보장되었다. 이슬람 공동체 내의 평등 사상에 따라 다양한 국적의 마왈리들의 지위는 상승되었고, 경제적인 부를 누리기도 하였다.

이처럼, 마왈리들의 사회적인 신분이 상승하고 그들의 활동이 활발해 짐에 따라 이들이 가지고 있던 그들 본래의 문화가 아랍 문화에 영향을 끼치기 시작했다.

외래 문화의 도입에 대해서 압바시야왕조는 우마이야왕조보다 더욱 적극적이고 개방적인 자세를 취해 외래 문화와 아랍 문화가 빠른 속도로 융화되면서 범이슬람적인 문화를 이룩하였다. 이러한 다양한 문화의 복합적인 상승 작용이 압바시야왕조를 아랍의 역사에서 황금기로 규정할 수 있게 만든 주요 요인이었다.

압바시야왕조가 범이슬람적인 문화를 발달시켰지만, 이 문화는 아랍어로 표현되었고 이슬람의 인생관과 세계관으로 장식되어 있었기 때문에, 이 문화의 핵심은 아랍어와 이슬람 교일 수 밖에 없다.

압바시야왕조에서 아랍어는 우마이야왕조에서 이룩한 언어적인 기반 위에 자체적인 발달과 외래 문화와 학문의 도입을 통해서 눈부신 발달을 이루었다. 그 결과 아랍어는 제국의 모든 분야에 걸쳐 사용되는 공용어로서 발전하여, 다른 언어의 도전을 허용하지 않는 학문과 교육의 언어로서 그 위치를 확고히 했다.

압바시야왕조가 아랍어의 발달에 크게 기여한 것은 번역 활동이다. 우마이야왕조의 번역 사업은 주로 학자들 개개인에 의해 이루어졌으나, 압바시야왕조는 칼리파 알 마문(Al-

Mamun)이 국가 번역 기관인 '지혜의 집'(Bayt Al-Hikmah)을 설치하여 번역을 장려함으로써 번역 활동이 활발하게 이루어졌다.

번역을 통해 새로운 개념과 사상 뿐만 아니라, 많은 외래어가 아랍어에 차용되어 아랍어 자체는 물론 아랍인들의 의식과 사고 방식도 국제적인 수준으로 발전하였다.

번역 활동을 통해 아랍어가 이룬 가장 주목할 만한 발전은 외래어의 차용과 신조어를 통한 아랍어 어휘의 증가다.

외래어 차용은 주변의 비아랍국가들 중에서 행정 용어는 주로 페르시아어와 그리스어, 종교 용어는 히브리어와 시리아어, 과학과 철학 용어는 그리스어에서 주로 차용되었다.

아랍인들이 외래어 차용과 아랍어 어휘의 확대와 관련하여 가진 기본적인 자세는 아랍어 자체내에서 새로운 어휘를 만들어 순수 아랍적인 색채를 지닌 신조어를 만드는 것이고, 외래어 차용도 가급적 아랍인들의 언어 성향에 맞는 형태로 차용하였다. 이런 노력은 그들 자신이 아랍인이라는 사실과 아랍어에 대한 그들의 자긍심의 산물이었다. 따라서 압바시야 왕조에서 외래어가 아랍어에 끼친 영향이 큰 것은 사실이지만, 그런 영향이 아랍어의 권위와 믿음에 대한 위협이 될 수는 없었고, 아랍어의 발달을 위한 수단으로서의 역할을 수행할 뿐이었다.

아라비아반도에서 최고의 전성기를 누린 압바시야왕조는 언어적인 면에서도 아랍어의 틀속에서 외래어를 수용하여 독자적으로 승화, 발전시켜 큰 발전을 이루었다. 또한 암사르였던 이라크의 바스라(Basrah)와 쿠파(Kufah)시를 중심으로 한 바스라 학파와 쿠파 학파의 상호 경쟁을 통해서 아랍어 문법은 커다란 발전을 했다. 알 칼릴 아흐마드(Al-Xalil bn Ahmad)에 의해 아랍어 최초의 사전인 『키탑 알 아인(Kitab Al-Ain)』이 만들어 졌고, 그의 제자인 시바와이히 (Sibawayihi)의 문법서인 『알 키탑(Al-Kitab)』은 아랍어 문법의 고전이 되었다.

아랍 · 이슬람 왕조의 연대기

시대	사건과 왕조
A.D. 570년	예언자 무함마드 탄생
A.D. 610년	천사 가브리엘의 꾸란 계시 시작됨
A.D. 622년	헤지라
A.D. 632년	예언자 무함마드 사망, 꾸란 계시 완료됨
A.D. 632~660년	전통 1대 아부 바르크(A.D. 632~634년)
	칼리파 2대 우마르(A.D. 634~644년)
	시대 3대 우스만(A.D. 644~656년)
	4대 알리(.A.D. 656~660년)
A.D. 660~750년	우아미야 왕조 (Silver Age)
A.D. 660~1258년	압바시야 왕조 (Golden Age)
A.D. 1258~1798년	맘룩조와 오스만 터키시대 (Decline Age)

맘룩조와 오스만 터키조는 아랍의 역사와 아랍어의 발달과정에 있어 '쇠퇴기'로 간주되며, 그 시기는 일반적으로 몽고족에 의해 압바시야왕조가 멸망한 A.D.1258년부터 나폴레옹이 이집트를 침공한 A.D.1798년 까지의 시기를 말한다.

아랍·이슬람 문화의 쇠퇴 기미는 압바시야왕국이 분열되기 시작한 10세기 경부터 나타났지만, 역사적인 관점에서 볼 때 바그다드가 몽고족에게 함락된 것은 아라비아반도의 역사에서 하나의 역사적 전환점이 된다. 이 사건으로 인해 아라비아반도의 지배권이 아랍인들로 부터 비아랍인들에게 완전히 이양됨으로써 아랍어를 비롯한 아랍·이슬람 문화의 쇠퇴기가 시작되었다고 볼 수 있다.

바그다드가 몽고군에게 함락된 이후에 이슬람을 계승하고 아랍 문화를 보호한 세력은 이집트의 맘룩(Mamluk)조였다.

이들은 압바시야왕조가 용병으로 고용했던 터키인들로서 바그다드 함락이후 이들에 의해 이슬람 문화의 명맥이 유지되고, 이들이 무슬림들의 희망이 되었다는 것은 역사적인 아니러니라 할 수 있다.

맘룩조에 의해 아랍·이슬람 문화의 중심지는 바그다드에서 카이로로 이동하였다. 맘룩조의 치하에서 이슬람 문화와 아랍어는 그 명맥을 이을 수는 있었지만, 우마이야왕조나 압바시야왕조에서와 같은 발달을 기대할 수는 없었다.

특히, A.D.1517년에 맘룩조가 반도 북서쪽의 오스만 터키에 의해 멸망하고, 오스만 터키가 아라비아 반도는 물론 페르시아만 지역의 북부 해안, 홍해, 모로코를 제외한 전 북아프리카를 통합하고 벨그라드(A.D.1521년), 헝가리 (A.D.1541년) 등을 정복하여 약 3세기 동안 지배했다. 이 기간 동안에 아랍어는 심각한 훼손과 타격을 입었다.

이 기간의 가장 큰 변화는 사회적으로는 지배 민족이 아랍인에서 터키인으로 교체된 것이고, 언어적으로는 공식어가 아랍어에서 터키어로 교체되었다는 점이다. 이후 오스만 터키조 하에서 아랍어는 종교의 언어로서만 제한되어 사용되었다.

당시의 아랍어는 더 이상 새로운 학문과 추상적인 사상의 표현으로는 사용되지 못하였고 따라서 아랍어와 아랍 문화의 학문적인 발달은 기대하기 어려웠다.

또한 아랍인들 스스로 신지배층하의 사회에서 생존하기 위한 수단으로서 아랍어보다 터키어를 배워야 했고, 이런 경향은 아랍어의 쇠퇴를 더욱 가속시켜 아랍어의 표현력과 생명력은 점차 약화되어 갔다.

결국 문어체 아랍어는 거의 사용되지 않게 되었고, 지식인과 일반 대중 모두 수많은 외래어와 방언이 혼합된 국적없는 언어를 사용하여 후대의 아랍어의 상황을 더욱 어렵게 만들었다.

당시의 아랍인들은 아랍어가 중세 시대의 가장 중요한 언어였고, 훌륭한 전통과 문화를 지닌 유산이라는 점을 이미 망각하였던 것이다.

그러나 당시의 상황에서 주목할 점은 신지배 민족이 비아랍 민족이었지만, 종교적으로는 무슬림들로서, 종교 행사와 예배 시에는 여전히 문어체 아랍어를 사용하여 아랍·이슬람적인 관습에서 완전히 자유롭지는 않았다는 점이다.

따라서 문어체 아랍어는 그 위상과 범위가 크게 제한되기는

하였지만, 여전히 사용되어 명맥을 유지하고 있었고, 이븐 시
나(Ibn Sanai)나 이븐 칼둔 같은 대학자들은 아랍인이 아니면
서도 아랍어의 우수성을 인정하여 문어체 아랍어를 계속 사용
했고, 아랍어보다 외래어를 배우려는 아랍 국민들을 비난했
다. 이는 아랍어의 쇠퇴가 고대 그리스어나 라틴어의 경우와
는 본질적으로 다르다는 점을 입증하고 있다.

맘룩조의 꾸란

　본고에서는 자힐리야시대부터 아랍의 부흥기 이전까지 아랍어의 발달과 변화 과정을 통시적인 시각에서 검토하였다.

　본고에서 확인한 것처럼, 아랍어의 발전과 퇴조는 아랍 민족의 그것과 함께 해 왔음을 알 수 있다.　이는 다른 언어와 비교한 특정 언어의 우수성이란 언어 자체가 가지고 있는 언어학적인 측면의 우수성과 함께 언어외적인 요소에 포함되는 해당 언어 화자나 화자층의 사회적 위치나 권위에 의하여 결정됨을 증명하고 있다.

　본문에서 논한 것처럼, 자힐리야시대부터 근대에 이르기 까지 아랍어에는 수 많은 외래 문화와 외래어가 영향을 끼쳤지만, 그 영향은 아랍어와 아랍·이슬람 문화의 틀속에서 이루어졌고, 그 주체는 아랍인이었다.　따라서 문어체 아랍어를 배제한 아랍 문화와 역사란 상상할 수 없고 존재하지도 않는다. 외래 문화로 외양을 아무리 꾸민다 해도 그 본질은 아랍어와 이슬람이기 때문이다.

　과거와 단절된 현재 또는 미래란 존재하지 않는다.　미래란 현재와 과거의 연장선상에서 그 방향과 발전이 가늠되기 때문이다.　따라서 아랍어의 발전 방향 역시 아랍과 아랍어의 역사와 전통을 간직한 채로 모색되어야 할 것이다.

예루살렘의 알 아크사 사원

메디나의 안나바위사원

II 아랍어 문장의 종류

요르단 대학교 아랍어 연수원

아랍어 문장(الجملة)은 명사문(الجملة الإسمية)과 동사문
(الجملة الفعلية)으로 구분할 수 있다. 명사문은 문장이 명사와
각종 대명사를 포함한 명사 상당어로 시작하는 문장을 말하
고, 동사문은 동사로 시작하는 문장을 말한다.

1 명사문

1.1 명사문(الجملة الإسمية)의 주어(المبتدأ)

현대 아랍어의 명사문은 '주부(المسند إليه)+술부(المسند)'
로 구성되며, 술부가 동사를 반드시 포함할 필요는 없다. 주부
의 핵심어인 주어 (المبتدأ)가 될 수 있는 요소는 실명사, 고유
명사, 인칭 대명사, 지시 대명사, 관계 대명사, 조건사 등이 주
어로 사용될 수 있다.

1) 실명사
아는 것이 힘이다.　　　　　　　　　المعرفة قوّة.

2) 고유명사
민수는 부지런하다.　　　　　　　　مين سو مجتهد.

3) 인칭 대명사
그는 부자다.　　　　　　　　　　هو غني.

4) 지시 대명사
이것은 학교다.　　　　　　　　هذه مدرسة.

5) 관계 대명사

우리 집에 있었던 그 여자가 떠났다.

سافرت <u>التي كانت في بيتنا</u>.

6) 조건사

뿌린 자는 거둘 것이다.

<u>من</u> يزرع يحصد.

1.2 명사문의 술어(الخبر)

아랍어 명사문의 술어로 쓰이는 요소들은 실명사, 명사문,
동사문, (부사, 전치사)구 등이 있다.

1) 실명사

나는 학생이다.

أنا <u>طالب</u>.

2) 전치사구

그 치는 공장 안에 있다.

السَّيَّارة <u>في المصنع</u>.

3) 부사구

그 공원은 집 앞에 있다.

الحديقة <u>أمام المنزل</u>.

4) 명사문

성공은 그 기초가 노력이다.

النجاح <u>أساسه الجهد</u>.

5) 동사문

태양이 떴다.

الشَّمس <u>أشرقت</u>.

1.3 주어와 술어의 성과 수의 일치

아랍어 명사문의 주어와 술어의 일치에 있어, 성의 일치는 비교적 정립되어 있으나, 수의 일치는 성의 일치에 비해 가변적이다.

1) 주어가 단수 주어이면, 술어는 주어의 성과 수에 일치한다.

그 일은 간단하다.   الأمر بسيط.

2) 주어가 사람과 관련된 복수명사이면 술어는 주어의 성과 수에 일치한다.

그 당시 무슬림들의 수는 작았다.   حين كان المسلمون قليلون.

3) 주어가 쌍수 명사면 술어도 쌍수 명사다.

그 두 여자는 앉아 있다.   المرأتان جالستان.

4) 주어가 사물이나 무생물과 관련된 복수 명사이면, 술어는 주어 성에 일치하고 수는 여성 단수 또는 여성 복수다.

그 자동차들은 빠르다.   السّيّارات مسرعة (مسرعات).

5) 1인칭 복수 대명사가 두 사람을 가리키면 술어는 쌍수다.

우리 둘은 어린 아이다.   نحن صغيران.

6) 주어가 사람과 관련된 집단을 가리키는 실명사이면 술어는 단수다.

우리 모두는 마술에 걸렸다.   كلنا مسحور.

　　　-그러나 현대 아랍어에서는 술어가 복수인 것이 일반적
이다.

이 마을의 사람들은 고상하고 선하다.　أهل هذه البلد شرفاء وطنيّون.

7) 주어가 연결형인 경우는 연결형의 제2요소와 술어의 수
　　를 일반적으로 일치시킨다.

كلّ إمرأة في مصر محزونة حين تريد.

이집트의 모든 여자들은 그녀들이 원할 때 운다.

بعض الفتيات محظوظات.

일부 소녀들은 운이 좋다.

베이루트 아메리칸(AUB) 대학교

동사문은 '동사(فعل)+주어(فاعل)+목적어(مفعول به)' 의 구조를 갖고 있다. 동사문(الجملة الفعلية)은 명사문과 달리 동사를 반드시 포함하고 있어야 한다.

2.1 동사문의 주어

동사문의 주어는 일반적으로 동사 뒤에 위치하며, 동사의 행위와 동작의 주체를 나타낸다.

그 남자는 일어 났다.　　　　　　　　　قام الرجل.

그 두 변호사는 변호했다.　　　　　　ترافع المحاميان.

– 동사문의 주어가 될 수 있는 요소는 명사, 대명사, أنّ 이하의 절 등이다.

1) 명사
그 남자는 커피를 마셨다.　　　　　شرب الرجل قهوة.

2) 잠재 대명사
나는 앉았다.　　　　　　　　　جلستُ.

3) 지시 대명사
이 학생이 합격했다.　　　　نجح هذا الطالب.

4) 관계 대명사
언급된 사람이 왔다.　　　　جاء الذي ذكر.

5) أنْ 이하의 절

يَنْبَغِي <u>أَنْ تَفُوزَ</u>.

너는 이겨야만 한다.

2.2 동사의 시상

한국어나 영어는 시간의 개념을 과거, 현재, 미래의 시제의 개념으로 표현하는 반면에, 아랍어는 동작의 완료와 미완료를 중심으로 파악하는 시상에 미래 시제가 포함되어 있다. 이를 일부 학자들은 확장 시제(Extended Tense)라 칭하기도 한다. 다른 셈어의 경우에도, 시간의 개념을 시제로 이해하기 보다는 시상으로 파악하고 있어 시상의 개념은 셈어의 공통적인 특징중의 하나다.

2.2.1 완료의 의미

1) 과거에 완료된 행위

خَرَجَ الْعَرِيسُ وَالْعَرُوسُ مِنَ الْمَسْجِدِ.

신랑과 신부가 사원에서 나갔다.

2) 경험에 의한 일반적인 사실

لِذَلِكَ هَدَأَ الْمُؤْمِنُ وَاضْطَرَبَ الْمُلْحِدُ.

따라서 신자는 평온하고, 불신자는 불안하다.

3) 행동이나 의지와 관련하여 완료가 현재의 의미를 표현한다.

في أي وقت شاء.

그가 원할 때는 언제든지.

4) 조건절에서는 현재나 미래를 표현한다.

لو شئت أن أقول لك لقلت.

당신이 내가 당신에게 말하는 것을 원한다면 말하겠다.

حتى إذا فرغنا من هذا الدرس ذهبت بك إلى الازهر.

이 공부가 끝나면 너를 아즈하르로 데려 가겠다.

2.2.2 미완료의 의미

아랍어 동사의 미완료는 현재, 과거, 미래를 모두 표현할 수
있다.

1) 현재 진행되고 있는 동작

나는 지금 너에게 사실을 말하고 있다.　　إنّي أقول لك الحقيقة.

2) 습관적인 사실

그는 매일 극장에 간다.　　يذهب إلى السينما كلّ يوم.

3) 미래의 행위

إنّك اليوم تجهل وغدا تعلم.

당신은 오늘은 모르지만, 내일은 알 것이다.

2.2.3 시간의 표현과 관련된 동사

아래의 동사들은 동사로서 그 자체의 의미를 갖지 못하는 불완전 동사다. 그러나 미완료 동사와 결합함으로써 시간과 관련된 다양한 의미를 갖는다.

1) سوف , س

سوف , س 는 미완료 직설법 동사와 함께 사용되어 '미래'의 의미를 나타낸다.

– س 는 미완료 직설법 동사와 함께 긍정문에서만 쓰인다.

나는 그녀를 일생 동안 사랑할 것이다.　　سأحبّها إلى نهاية الحياة.

– سوف 는 미완료 직설법 동사와 함께 주로 긍정문에 쓰인다.

나는 올 해 안에 돌아올 것이다.　　سوف أعود إلى هذا العام.

2) قد

(1) 완료 동사 앞에서

– 행위가 과거에 이미 완료 되었음을 강조한다. 즉, 영어의 대과거에 해당한다.

혁명이 일어 났던 것을 그들은 알았다. وجدوا أنّ الثورة قد قامت.

– 행위의 확실성을 강조

나는 분명히 소리를 들었다.　　قد سمعت صوتًا.

(2) 미완료 동사 앞에서 : 불확실성, 추측의 의미 (아마도)

قد نرجع.

우리는 돌아 올지도 모른다.

3) كان

– '‫كان‬'+완료 동사' = 과거 완료

كان خالد كتب خطابا.

칼리드는 한 통의 편지를 썼었다.

– '‫كان‬ +미완료 동사' = 과거의 규칙적인 습관,
　　　　　　　　　　　　　　과거 진행(~하곤 했었다)

كانت الخادمة تذهب إلى السوق كلّ يوم.

그 하녀는 매일 시장에 가곤 했었다.

– '‫يكون‬'+ قد +완료 동사' = 미래 완료(이미 ~ 했을 것이다)

يكون محمّد قد رجع من المدرسة.

무함마드는 학교에서 이미 돌아와 있을 것이다.

– '‫يكون‬'+미완료 동사' = 미래 진행(~ 하고 있을 것이다)

يكون سالم يذهب إلى المدرسة.

살림은 학교에 가고 있을 것이다.

Ⅲ 아랍어 문장의 형태

요르단의 봄 경치

아랍어의 문장도 다른 언어처럼 형태상 단문(الجملة البسيطة),
중문(الجملة العطفية), 복문(الجملة المركّبة)으로 구분할 수 있다.

1. 단문(الجملة البسيطة)

단문은 가장 작은 문장의 단위로서, 주부와 술부로 구성되
고, 동사문일 경우는 하나의 동사를 갖는다.

나는 대학생이다.	أنا طالب في الجامعة.
나는 아랍어를 좋아한다.	أحبّ اللغة العربية.

2. 중문(الجملة العطفية)

중문은 기본적으로 두 개의 단문으로 구성되며, 등위 접속사
로 연결 된다. 각각의 문장은 서로 독립적인 관계에 있다. 아
랍어의 등위 접속사로는 و , ف , ثمَّ , أو , أم 등이 있다.

1) و 는 문법적으로 대등한 관계에 있는 단어, 구와 절 등을
   연결한다. 또한 두 동작이 동시에 발생(동시성)했음을 나타
   낸다.

دخل المدرّس والطّالب.

선생님과 학생이 함께 들어 왔다.

اشتريت تفاحا وعنبا وشماما.

나는 사과와 포도와 메론을 샀다.

درست اللغة العربية في عمان والقاهرة.

나는 암만과 카이로에서 아랍어를 공부했다.

سلّمت عليه وانصرفت.

나는 그에게 인사했다. 그리고 나는 떠났다.

2) ف 는 연속적인 행위의 발생(순차성)을 나타내거나, 두 문
   장을 원인과 결과로 연결시킨다.

دخل المدرّس فالطالب.

선생님이 들어 오신 후, 곧 바로 학생이 들어 왔다.

مرض المدرّس فألغى محاضرته.

선생님이 아프다. 그래서 휴강했다.

حزن أحمد كثيرا على موت صديقه فقد كان يحبّه جدا.

아흐마드는 그의 친구를 매우 사랑했기 때문에 그의 죽음에 대해
매우 슬퍼했다.

3) ثمّ 는 ف 와 같이 연속적인 행위의 발생(순차성)을 나타내
   지만, ف 에 비해 시간의 간격이 길다.

دخل المدرّس ثمّ الطالب.

선생님이 들어 오셨다. 그리고 잠시 후에 학생이 들어 왔다.

حضرت المؤتمر صباحا ثمّ رجعت إلى الفندق مساء.

나는 아침에 회의에 참석했다. 그리고 저녁에 호텔로 돌아 왔다.

4) أو 와 أم 은 모두 '또는'의 의미다. 그러나 أو 는 다수 중
에서 하나의 선택을 의미하고, أم 는 양자 택일을 의미한
다.

هل سافر إلى لبنان أو سوريا أو مصر؟

그는 레바논 또는 시리아 또는 이집트를 여행했습니까?

هل أنت طالب أم أستاذ؟

당신은 학생입니까 또는 교수입니까?

3. 복문 (الجملة المركّبة)

복문은 두개의 문장으로 구성된다는 점에서는 중문과 일치
하지만, 두 문장은 주절과 종속절의 관계를 가진다. 즉, 독립
적인 의미를 가진 주절과 주절의 의미를 보충하며 그 자체가
독립적인 의미를 갖지 못하는 종속절로 구성 된다. 복문에서
종속절은 시간, 이유, 목적, 조건 등의 의미를 갖기도 한다.
또한, 주절 동사의 목적어가 되기도 한다.

عندما وصل المدرّس, قام التّلاميذ.

선생님이 도착했을 때, 학생들은 일어섰다. (시간)

لم أحضر الجمعة لأنني مشغول بأعمال البيت.

나는 집안 일로 바빠서, 모임에 참석하지 못했다. (이유)

كنت ذهبت إلى عمان لكي أدرس اللغة العربية.

나는 아랍어를 공부하기 위해 암만에 갔었다. (목적)

سَوْفَ يَنْجَحُ إِذَا دَرَسَ بِجِدّ.

그가 열심히 공부한다면 성공할 것이다.(조건)

وَعَدَنِي بِأَنَّهُ يَنْجَحُ فِي الاِمْتِحَان.

그는 자기가 시험에 합격할 것이라고 나에게 약속 했다.(주절 동사
의 목적어)

4. أَنْ, أَنَّ, إِنَّ   (~ 이라는 것)

– 종속 접속사 أَنْ 은 미완료 접속법 동사와 함께 사용되어
주절 동사의 의미상의 주어나 목적어가 된다.

나는 가야만 한다.(의미상의 주어)　　　يَجِبُ أَنْ أَذْهَبَ.

건강하기를 바란다.(목적어)　　أَرْجُو أَنْ تَكُونَ فِي صِحَّةٍ جَيِّدَةٍ.

– 또 다른 접속사 أَنَّ 는 أَنْ 과 달리 명사절을 이끈다. 명
사절의 주어는 대격을 취하는 명사나 연계형 대명사가
사용된다.

그들은 그 일은 쉽다고 언급했다.　　ذَكَرُوا أَنَّ الْعَمَلَ سَهْلٌ.

قَرَّرَ مُحَمَّدٌ أَنَّهُ سَافَرَ إِلَى تُونِسَ.

무함마드는 투니스로 가는 것을 결정했다.

- إنَّ 는 أنَّ 의 자매어(إنَّ وَأخَواتُها)로서 أنَّ 와 같은 역할을
하지만 주절의 동사가 قال 인 경우에만 사용된다.

قَالَ أَحْمَدُ إِنَّهُ نَجَحَ فِي الامْتِحَانِ.

아흐마드는 시험에 합격했다고 말했다.

قَالَتْ لَيْلَى إِنَّ حُقُوقَ الْمَرْأَةِ غَيْرُ مُسَاوِيَةٍ لِحُقُوقِ الرَّجُلِ.

라일라는 여자들의 권리가 남자들의 권리와 같지 않다고 말했다.

- 접속사 '' إِنَّ , أَنَّ , أَنْ +절'은 명사의 역할을 하기 때문에, 문
장내에서 주어, 목적어로 사용될 수 있다.

(주어)

يَجِبُ أَنْ يَذْهَبَ.

그가 가는 것이 필요하다.

أَعْجَبَهُ أَنَّ ابْنَهُ حَصَلَ عَلَى شَهَادَةٍ.

그의 아들이 학위를 받은 것이 그를 기쁘게 했다.

(동사의 목적어)

ذَكَرَتْ أَنَّ الْمَرْأَةَ الْعَرَبِيَّةَ حَقَّقَتْ بَعْضَ التَّقَدُّمِ.

그녀는 아랍 여성들은 일부 발전을 이룩했다고 언급했다.

قَالُوا إِنَّ الانْتِخَابَاتِ هَامَّةٌ جِدًّا.

그들은 이 선거가 굉장히 중요하다고 말했다.

يُطَالِبُونَ بِأَنْ يَمْنَحَ الْمُجْتَمَعُ الْمَرْأَةَ كُلَّ حُقُوقِهَا.

그들은 사회가 여성들에게 그녀들의 모든 권리를 부여할 것을 요구
하고 있다.

أَخْبَرَنِى بِأَنَّهُمْ حَضَرُوا.

그는 나에게 그들이 왔다고 알려 주었다.

- أَنْ 와 أَنَّ 에 이끌리는 절은 동명사로 전환할 수 있다. 이
때 동명사는 의미상의 주어가 된다.

يَجِبُ أَنْ يَنْتَخِبُوا رَئِيسًا جَدِيدًا.

= يَجِبُ انْتِخَابُ رَئِيس جَدِيدٍ.

그들은 새 대통령을 선출해야만 한다.

سَمِعْنَا بِأَنَّهُ عَادَ مِنَ السَّفَرِ أَمْس.

سَمِعْنَا بِعَوْدَتِهِ مِنَ السَّفَرِ أَمْس.

우리는 어제 그가 여행에서 돌아 왔다고 들었다.

요르단의 페르라 (1)

요르단의 페르라 (2)

IV 주제별 표현 연습

요르단 암만의 후세인 사원

① 주요 표현

- بِسَبَبِ

نَجَحْتُ بِسَبَبِ الاجْتِهَادِ.

لَمْ أَحْضُرِ الحَفْلَةَ بِسَبَبِكَ.

- نَظَرًا لِ...

لَقَدِ اعْتَذَرَ الأُسْتَاذُ عَنْ إِلْغَاءِ المُحَاضَرَةِ نَظَرًا لِمُؤْتَمَرِهِ.

نَظَرًا لِأَنَّهُ الرَّئِيسُ مَرِيضٌ فَقَدْ أَجَّلَ الاجْتِمَاعَ.

- بِفَضْلِ

انْتَصَرُوا بِفَضْلِ إِخْلاصِهِمْ وَتَضْحِيَتِهِمْ.

أَصْبَحَتِ العَرَبِيَّةُ لُغَةَ حَضَارَةٍ كُبْرَى بِفَضْلِ الإِسْلامِ.

- لِأَنَّ

لا أَسْتَطِيعُ الذَّهَابَ لِأَنَّنِي مَشْغُولٌ.

كُنْتُ مُتَأَخِّرًا لِأَنَّ السَّيَّارَاتِ كَثِيرَاتٌ فِي الشَّارِعِ.

- بِمَا أَنَّ ـ فَ

بِمَا أَنَّنِي مَشْغُولٌ جِدًّا فَلَنْ أُسَافِرَ غَدًا.

بِمَا أَنَّكَ عَاطِلٌ جِدًّا فَلَنْ تَنْجَحَ فِي الحَيَاةِ.

- حَيْثُ

لَمْ تُسَافِرْ لَيْلَى إِلَى مِصْرَ حَيْثُ مَرِضَ ابْنَتُهَا.

حَيْثُ حَضَرْتَ بِدُونِ مَوْعِدٍ فَلَنْ يُقَابِلَكَ المُدِيرُ.

② 문형 해설

1) بِسَبَبِ (~때문에)는 전치사 بِ 와 سَبَبٌ (이유)의 합성어이다. بِسَبَبِ 뒤에는 명사, 동명사, 연계대명사, 지시대명사 등이 올 수 있다.

$$\text{نَجَحْتُ بِسَبَبِ الاجْتِهَادِ.}$$

나는 근면함 때문에 성공했다.

$$\text{لَمْ أَحْضُرُ الحَفْلَة بِسَبَبِكَ.}$$

나는 당신 때문에 그 파티에 참석하지 못했다.

2) نَظَرًا لِ (~때문에)는 بِسَبَبِ 와 같은 의미로 사용할 수 있다. 그러나 نَظَرًا لِ 는 بِسَبَبِ 와 달리 문장을 이끌 수 있다. 이때 결과절은 فَ 나 قَدْ 뒤에 위치한다.

$$\text{لَقَدْ اعْتَذَرَ الأسْتَاذُ عَنْ إِلْغَاء المُحَاضَرَةِ نَظَرًا لِحُضُورِهِ}$$
$$\text{المُؤْتَمَرَ.}$$

그 교수는 그의 회의 참석 때문에 휴강하는 것에 대해 사과했다.

$$\text{نَظَرًا لِأَنَّهُ الرَّئِيسُ مَرِيضٌ فَقَدْ أَجَّلَ الاجْتِمَاعَ.}$$

대통령이 아프기 때문에 그 회의를 연기했다.

نَظَرًا لِبِنَاءِ السَّدِّ العَالِي فَقَدْ ازْدَادَتْ مِسَاحَةُ الأَرَاضِي الزِّرَاعِيَّةِ فِي مِصْرَ.

하이 댐의 건설 때문에 이집트의 농경지가 증가되었다.

3) **بِفَضْلِ** (~때문에, ~덕택에) 뒤에는 명사, 동명사, 연계대명사, 지시대명사 등이 올 수 있다.

انْتَصَرُوا بِفَضْلِ إِخْلاصِهِمْ وَتَضْحِيَتِهِمْ.

그들의 성실과 희생으로 인해 그들은 성공했다.

أَصْبَحَتِ العَرَبِيَّةُ لُغَةَ حَضَارَةٍ كُبْرَى بِفَضْلِ الإِسْلام.

아랍어는 이슬람교 때문에 위대한 문명의 언어가 되었다.

قُمْتُ بِصُعُودِ جَبَل هَان لا بِفَضْلِهِ.

나는 그의 덕택에 한라산에 올랐다.

4) **لأَنَّ** (~때문에)는 ‘전치사 لِ + 접속사 أَنَّ’ 의 합성어로서 연계대명사나 명사문이 올 수 있다.

لا أَسْتَطِيعُ الذَّهَابَ لأَنَّنِي مَشْغُولٌ.

나는 바쁘기 때문에 갈 수 없다.

كُنْتُ مُتَأَخِّرًا لأَنَّ السَّيَّارَاتِ كَثِيرَاتٌ فِي الشَّارِعِ.

거리에 차가 많아서 나는 늦었다.

5) بِمَا أَنْ (~때문에)는 '전치사 بِ +명사화사 مَا +접속사 أَنْ ' 의 합성어이며, 결과절은 فـ 뒤에 온다. 같은 의미의 다른 단어들과 는 달리 항상 문두에서 쓰인다.

بِمَا أَنَّنِي مَشْغُولٌ جِدًّا فَلَنْ أُسَافِرَ غَدًا.

나는 굉장히 바쁘기 때문에 내일 여행을 떠날 수 없다.

بِمَا أَنَّكَ عَاطِلٌ جِدًّا فَلَنْ تَنْجَحَ فِي الْحَيَاةِ.

너는 게으르기 때문에 인생에 성공하지 못할 것이다.

6) حَيْثُ (~때문에) : حَيْثُ 뒤에는 일반적으로 동사문이 온다.

لَمْ تُسَافِرْ لَيْلَى إِلَى مِصْرَ حَيْثُ مَرِضَ ابْنُهَا.

라일라는 그녀의 아들이 아프기 때문에 이집트에 가지 않았다.

حَيْثُ حَضَرْتَ بِدُونِ مَوْعِدٍ فَلَنْ يُقَابِلَكَ الْمُدِيرُ.

당신은 아무런 약속없이 왔기 때문에 실장이 당신을 만나지 않을 것이다.

1 아래 문장을 해석하시오.

(1) حصل موسى على الجائزة بفضل إخلاصه.

(2) أعرف القاهرة لأنني أسكن فيها لمدّة طويلة.

(3) عادت الطّائرة إلى بوسان حيث هطلت الأمطار
كثيرا في سيول.

(4) لا أحبّ فاطمة نظرا لكسلانتها.

(5) بما أنّ اللغة العربيّة لغة القرآن الكريم فأدرس
اللغة العربيّة.

2 아래 2개의 문장을 بِسَبَبِ, نَظرًا لِ, بِفضلِ, بِمَا أنَّ, فَـ – أنَّ 등
을 이용하여 하나의 문장으로 만드시오.

(1) أجّل الرئيس الاجتماع. ـ هو مشغول.

(2) لم أذهب إلى المدرسة. ـ أمّي مريضة.

(3) يذهب محمّد إلى حفلة موسيقية. ـ يحبّ موسيقى

(4) يدرس مين سو اللغة العربيّة.
ـ اهتمَّ بالحضارة القديمة في الشَّرق الأوسط.

(5) أبو أحمد سعيد جدّا. ـ حصل ابنه على الدّكتوراه.

③ 아래 문장을 아랍어로 작문하시오.

(1) 민수는 겨울에 눈이 많이 오기 때문에 겨울을 좋아 한다.

(2) 나는 맑은 공기 때문에 시골에 자주 간다.

(3) 여자의 외모 때문에 아내를 선택해서는 안된다.

(4) 나는 그들의 성실함 때문에 그들을 돕고 싶다.

(5) 미국은 석유 때문에 중동에 많은 관심이 있다.

④ 이유의 표현에 관한 5개의 문장을 만드시오.

حَفْلَة	파티, 축제	إِلْغَاءٌ	취소
مُحَاضَرَة	강의	حُضُور	참석
مَرِيضٌ	아픈, 환자	أَجَّلَ	연기하다
اِنْتَصَرُوا	그들은 승리했다	إِخْلاصٌ	성실
تَضْحِيَة	희생	حَضَارَةٌ	문명
كُبْرَى	위대한	بِدُون	~없이
مِسَاحَة	면적	اِزْدَادَتْ	증가했다
زِرَعِيَّة	농업의	صُعُودٌ	오름, 등반
جَبَلٌ	산	أَسْكُنْ	나는 ~에 산다
لِمُدَّةٍ	~동안(기간)	كَسْلانَة	게으른
اِهْتَمَّ بِ	~에 관심있다	الشَّرْقُ الأَوْسَطِ	중동
مُتَأَخِّرٌ	늦은, 지각한	عَاطِلٌ	게으른
حَفْلَة مُوسِيقِيَّة	콘서트		

아랍인의 성격과 기질

- 아랍인의 성격과 기질은 크게 베드윈의 전통, 이슬람의 영향, 아랍어에 그 기반을 두고 있다.

1) 베드윈의 전통

이슬람 발생 직전에 현재 사우디아라비아 반도 북부 아라비아의 거주민이었던 베드윈의 윤리와 도덕 그리고 가치관과 관습이 아랍인의 의식속에서 우위를 점하고 있다.

베드윈들은 중세 아랍 문명의 성장기였던 우마위야 왕조 등에서 정치 지도자였던 칼리파를 포함한 상류 사회의 정신적 지주였으며, 품위 있는 태도와 관습, 성스런 전통과 언어와 혈통의 순수성을 유지하고 있는 집단으로 간주되었다.

오늘날의 아랍인들도 고대 아랍-이슬람제국의 영광스러운 상속자로서 자부심을 갖고 있으며, 이러한 의식의 근저에는 베드윈의 전통에 대한 자긍심이 흐르고 있다.

즉, 후손들이 조상들의 이상과 업적을 계승하고, 그들의 모범적인 언행을 귀감으로 삼아 가치체계와 행동 규범의 기준으로 삼아야 한다고 생각한다. 또한 베드윈의 가치관은 가난한 사람이나 어려움에 처한 사람을 도와야 한다는 자비성(환대)과 관용, 불굴의 용기, 집단의 결속과 생존에 유리한 명예, 혈연 중심의 집단 의식, 자존심 등이라 할 수 있다.

2) 이슬람의 전통

– 아랍인들의 생활은 이슬람과 불가분의 관계에 있으며, 아랍인의 사고나 의식 구조에 대한 이슬람의 지배는 한국인에 대한 유교의 지배 정도와 비슷하거나 오히려 더 강하다고 볼 수 있다. 아랍에서 이슬람은 모든 인간 생활의 구석구석 까지 침투하여 생활의 종교화가 이루어졌다고 해도 과언이 아니다. 모든 관습과 전통은 종교적이고 종교적 명령과 금기는 실제로 모든 행위, 사상, 감정을 지배하였다.

– 코란에 의하면 모든 사물은 알라에 의해 창조되었고, 알라는 심판하고 판단하고 인도하기도 한다. 대체적으로 아랍인들이 고발 정신이 강한 이유도 여기에 있다. 그리고 아랍인들의 인고 정신과 현실 감수 정신에 끼친 영향은 매우 크다. 그러나 운명에 대한 감수성(甘受性)과 피동성만을 강조하는 나머지 무엇을 변화시키고 개선시키는 의욕을 저하시킨다는 비판도 있다.

서울의 중앙 이슬람 사원

3) 아랍어

아랍인들에게 아랍어는 단순한 언어 이상의 의미가 있다. 아랍인들은 천상의 천사들이 사용하는 언어가 아랍어이며, 아랍어야말로 이 세상에서 가장 순수한 언어라는 믿음을 갖고 있다. 특히 코란이 아랍어로 기록되었다는 것은 아랍어의 순수성을 입증하는 가장 큰 증거라고 믿고 있다.

아랍인의 언어 생활에서 가장 중대한 위치를 점하고 있는 것은 아랍인들의 독특한 수사학적 표현이다. 이 수사학적 표현은 아랍인의 성격 형성에 중대한 일면을 차지하고 있다. 아랍어의 감정에 대한 호소력과 사람의 마음을 찌르는 힘은 이슬람 이전부터 위력을 발휘하였다. 아랍어가 갖는 아름다움과 리듬이 그들을 흥분시키고, 그 특이성이 위엄을 느끼게 한다. 아랍인들의 표현은 감정적이고 농도가 짙으며 강렬하며 열정적이다.

아랍인의 언어 생활에서 나타나는 또 하나의 특징은 반복의 경향이다. 아랍인은 무엇을 하겠다고 결심했을 때에는 이것을 몇 번이고 반복한다. 또 몇 번이고 반복해야 만이 하겠다는 의사로 받아 들여진다.

① 주요 표현

- ل + 접속법 동사

حَضَرَ مِين سُو إِلَى لُبْنَانَ لِيَدْرُسَ الْعَرَبِيَّةَ.

= حَضَرَ مِين سُو إِلَى لُبْنَانَ لِدِرَاسَةِ الْعَرَبِيَّةِ.

- كَيْ + 접속법 동사

سَيُسَافِرُ الْوَزِيرُ الْخَارِجِيُّ إِلَى الْأُرْدُونْ كَيْ يُقَابِلَ مَلِكَ عَبْدَ اللهِ.

- لِكَيْ + 접속법 동사

يَدْرُسُ مِين سُون لِكَيْ يَنْجَحَ فِي امْتِحَان لِيَدْخُلَ الْجَامِعَةِ.

- حَتَّى + 접속법 동사

بَذَلْتُ جُهُودًا أَقْصَى حَتَّى أَقُومَ بِحُلْمِي.

- كَيْمَا + 직설법 동사

حَضَرَ إِيزَرَاهِيمُ إِلَى سِيُول كَيْمَا يَتَعَلَّمُ اللُّغَةَ الْكُورِيَةَ.

- مِنْ أَجْلِ أَنْ + 접속법 동사

تَعَلَّمْتُ اللُّغَاتِ الْأَجْنَبِيَّةَ مِنْ أَجْلِ أَنْ أَشْتَغِلَ فِي الْأُمَمِ الْمُتَّحِدَةِ.

= تَعَلَّمْتُ اللُّغَاتِ الْأَجْنَبِيَّةَ مِنْ أَجْلِ اشْتِغَالٍ فِي الْأُمَمِ الْمُتَّحِدَةِ.

② **문형 해설**

1) '~을 위하여'의 의미는 '/مِنْ أَجْلِ أَنْ/, /لِكَيْ/, /كَيْ/, /لِ/, /حَتَّى/+접속법 동사' 또는 '/كَيْمَا/+직설법 동사' 로 나타 낸다.

ذَهَبَ جِين سُو إِلَى مِصْرَ لِيَدْرُسَ الآثَارَ الْفِرْعُونِيَّة.

= ذَهَبَ جِين سُو إِلَى مِصْرَ كَيْ يَدْرُسَ الآثَارَ الْفِرْعُونِيَّة.

= ذَهَبَ جِين سُو إِلَى مِصْرَ لِكَيْ يَدْرُسَ الآثَارَ الْفِرْعُونِيَّة.

= ذَهَبَ جِين سُو إِلَى مِصْرَ حَتَّى يَدْرُسَ الآثَارَ الْفِرْعُونِيَّة.

= ذَهَبَ جِين سُو إِلَى مِصْرَ مِنْ أَجْلِ أَنْ يَدْرُسَ الآثَارَ الْفِرْعُونِيَّة.

= ذَهَبَ جِين سُو إِلَى مِصْرَ كَيْمَا يَدْرُسُ الآثَارَ الْفِرْعُونِيَّة.

위의 예문에서 '/مِنْ أَجْلِ أَنْ/, /حَتَّى/, /لِكَيْ/, /كَيْ/, /لِ/+ 접속법 동사', '/كَيْمَا/+직설법 동사' 는 '/لِ/, /كَيْ/, /لِكَيْ/, /كَيْمَا/, /مِنْ أَجْلِ أَنْ/, /حَتَّى/+ 동명사' 로 전환할 수 있다.

ذَهَبَ جِين سُو إِلَى مِصْرَ لِدِرَاسَةِ الآثَارِ الْفِرْعُونِيَّة.

= ذَهَبَ جِين سُو إِلَى مِصْرَ كَيْ دِرَاسَةِ الآثَارِ الْفِرْعُونِيَّة.

= ذَهَبَ جِين سُو إِلَى مِصْرَ لِكَيْ دِرَاسَةِ الآثَارِ الْفِرْعُونِيَّة.

= ذَهَبَ جِين سُو إِلَىَ مِصرَ حَتَىَ دِرَاسَةِ الأَثَار الفِرْعُونِيَّةِ.

= ذَهَبَ جِين سُو إِلَى مِصرَ مِنْ أَجْلِ دِرَاسَةِ الأَثَار الفِرْعُونِيَّة.

= ذَهَبَ جِين سُو إِلَىَ مِصرَ كَيْمَا دِرَاسَةِ الأَثَار الفِرْعُونِيَّةِ.

2) 부정 목적('~하지 않기 위해서)은 '/لِئَلّا/ , /لِكَيْلا/ , /كَيْلا/
+ 접속법 동사' 로 나타낸다.

حَضَرَ إِلَىَ مِصرَ كَيْلا يَنْسَى اللُّغَة العَرَبِيَّة.

= حَضَرَ إِلَى مِصرَ لِكَيْلا يَنْسَى اللُّغَة العَرَبِيَّة.

= حَضَرَ إِلَى مِصرَ لِئَلّا يَنْسَى اللُّغَة العَرَبِيَّة.

1 아래 문장을 해석하시오.

(1) ذهبت إلى المطعم العربيّ لكي آكل طعام مصر.

(2) قمت لمعاونتها.

(3) جئت لاكرامك.

(4) بعثت بخطاب إلى صديقي من أجل تسليم سلامتي.

(5) عجّلْ كيلا يتأخر الحفلة.

2 보기에서 적합한 단어를 골라 아래 문장을 완성하시오.

보　기

ليعملوا, ليكون, حتى, كيلا, لكي نحلَ

(1) قدموا طلبا (　　) في شركة الجريدة.

(2) سوف نتكلم مع المدير (　　) هذه المشكلات.

(3) شاركوا في بناء السّدّ (　　) يساعدوا على تقدّم البلد.

(4) يدرس (　　) معلّما.

(5) بذلنا جهودا أقصى (　　) يغادروا.

3 주어진 단어를 이용하여 아래 문장을 아랍어로 작문하시오.

(1) 나는 책을 사기 위하여 서점에 갔다. (لِ)

(2) 무함마드는 한국 역사를 공부하기 위하여 한국에 갈 것이다. (كَيْ)

(3) 그녀가 공항에 마중 나오도록 편지를 보냈다. (حَتَّى)

(4) 나는 시험에 떨어지지 않기 위해 최선을 다할 것이다.
(كَيْلَا)

(5) 파티마는 기차를 놓치지 않기 위해 역에 일찍 나갔다.
(لِكَيْلَا)

4 목적(~을 위하여) 또는 부정 목적(~하지 않기 위하여)의
표현에 관한 5개의 문장을 만드시오.

لُبْنَانُ	레바논	يُسَافِرُ	그는 여행한다
الْأُرْدُونُ	요르단	الْوَزِيرُ الْخَارِجِيُّ	외무부 장관
يُقَابِلُ	그는 만난다	تَدَخُّلُ الْجَامِعَةِ	대학 입학
جُهُودٌ	노력	بَذَلَ	그는 (노력)했다
أَقْصَى	최대한의	أَقُومُ بِ	나는 ~ 수행한다
حُلْمٌ	꿈	أَشْتَغِلُ	나는 일한다
فِرْعُونِيَة	파라오	أَثَارٌ	유물들
طَعَامٌ	음식	يَنْسَى	그는 망각한다
مُعَاوَنَة	협조, 지원	جِئْتُ	나는 왔다
إِكْرَامٌ	공경	بَعَثَ بِ	그는 ~을 보냈다
خِطَابٌ	편지	تَسْلِيمٌ	전달, 인도
سَلَامَة	평화	عَجِّلْ	서둘러라
حَفْلَة	축제, 파티	يَتَأَخَّرُ	그는 지각한다
بِنَاءٌ	건설	جَرِيدَةٌ	신문
طَلَبَة	신청서	شَارَكَ	그는 참여했다
سَدٌّ	댐	تَقَدُّمٌ	발전
مُعَلِّمٌ	선생님	يُغَادِرُوا	그들은 떠난다

아랍인들의 주요관습

1) 오른쪽

  아랍인들은 악수를 하거나 음식을 먹을 때 그리고 선물을 주고 받을 때 반드시 오른손 만을 사용하고 불가피한 경우 양손을 사용한다. 왼손은 화장실에서 용변 후 손을 씻을 때, 신발을 닦을 때, 그리고 코를 풀 때 사용할 정도이다. 심지어 잘 때도 오른쪽으로 자며 왼쪽으로 자는 것은 가급적 피한다. 손톱을 자를 때도 오른손, 왼손, 오른발, 왼발 순서로 깎으며 칫솔질도 입안의 오른쪽부터 할 정도로 오른손 문화가 보편화되어 있다.

2) 청결

  이슬람에서는 마음은 물론 외양의 청결을 강조한다. 신체와 정신의 청결함은 코란에서도 자주 언급되고 있다. 따라서 청결을 유지한다는 것은 신앙심이 두텁다는 것을 의미한다. 특히, 예배하기 전 세정하는 것 이외에 생리적 현상을 한 후, 음식을 먹기 전, 잠에서 깨어난 후, 불결한 물건을 다룬 후에는 반드시 씻어야 한다, 성 관계후 그리고 생리및 출산 후의 여성은 흐르는 물에 씻어야 한다. 예배 시 물이 없는 경우에는 흙이나 모래를 사용해도 신체가 청결해진다고 생각한다.

무슬림들이 예배전에 세정하는 장소

3) 초대

　아랍인은 손님을 접대하는데 있어서 아주 관대하다. 손님에 대한 관대한 접대는 아랍인들의 전통적인 덕목으로서, 타인에게 자신의 관대함을 보여주어 좋은 평판을 얻으려는 욕망이 있다. 옛아랍 속담중에는 '남자가 일생에 지체하지 않고 재빨리 행하여야 할 일이 세가지가 있는데 그것은 죽은 사람을 매장하고 손님을 잘 대접하며, 결혼 적령기의 딸을 출가시킨다' 는 속담이 있다. 따라서 초대와 방문은 아랍인과의 중요한 교제수단인 동시에 덕목이다. 손님과의 만남은 주로 응접실에서 이루어진다. 아랍의 가정을 방문한 손님은 안방이나 여자들의 거처를 기웃거려서는 안된다.

4) 시간 개념

　아랍인들과의 만남에서 아랍인들이 약속 시간이나, 약속 자체를 지키지 않고도 별로 신경을 쓰지 않는 것을 종종 경험할 수 있다. 아랍인들의 이런 시간과 약속 개념에 대해 당황할 경우가 많지만, 그들을 비하 또는 무시하는 것 보다는, 마음의 여유를 갖고 이해하고 참는 것이 현명하다. 약속 시간과 관련된 아랍인들의 이러한 개념은 그들의 전통 생활과 관련이 있다. 아랍인들은 오랫동안 목축 문화를 지속해 왔기 때문에 시간 개념은 하루 다섯번의 기도시간을 기준으로 이루어져 있다. 기도 시각은 나라마다 계절마다 조금씩 차이가 나게 마련이어서 그들의 시간 개념은 서구인들의 시간 개념과는 다를 수 밖에 없다. 따라서 그들의 약속과 시간 개념은 몇시 몇분이 아닌 아침, 점심, 저녁이다.

5) 선물

아랍은 팁과 더불어 선물 문화가 발달되어 있다. 상대방에게 선물을 주는 것은 조그만 선물이라도 관심을 표명하는 것으로 여기기 때문에 선물을 주고 받는 것을 무척 좋아한다 그러나 뇌물로 비칠 수 있는 선물은 삼가는 것이 좋으며 대체로 인삼등 한국적인 선물이 호평을 받는다.

6) 이웃 관계

이웃 어른에 대한 존경심은 부자간의 예의 못지 않게 이슬람 예절의 중요한 자리를 차지한다 이런 관습은 베드윈 부족사회의 전통과 대가족 제도의 영향인 듯하다. 특히 시골의 경우 이웃 관계는 도시에 비해 매우 끈끈하다.

7) 친구 관계

아랍인들은 친구 관계를 형제애 관계로 인식하고 있기 때문에, 친구를 형제 이상으로 보살펴 준다. 친구가 역경에 처해 있을 때는 무조건 도와주어야 한다 이런 전통 역시 거친 유목 생활의 환경적 요인에 기인한다.

아랍주택의 거실

이집트의 무함마드 알리 사원

무함마드 알리 사원 근경

① 주요 표현

- يُمْكِنُ أَنْ (=مِنَ المُمْكِنِ)

يُمْكِنُ أَحْمَدُ أَنْ يَقْرَأَ اللُّغَةَ الكُورِيَّةَ.

لا يُمْكِنُ السَّفَرُ فِي هَذَا الجَوِّ الحَارِّ.

مِنَ المُمْكِنِ أَنْ أَحْضُرَ الاجْتِمَاعَ غَدًا.

- يَسْتَطِيعُ أَنْ (= اسْتَطَاعَ بِـ)

يَسْتَطِيعُ خَالِدٌ أَنْ يَفْهَمَ اللُّغَةَ الصِّينِيَّةَ.

سَوْفَ يَكُونُ بِاسْتِطَاعَتِي رُؤْيَتِكَ غَدًا.

- قَدَرَ عَلَى

هَذَا العَمَلُ صَعْبٌ. لكِنَّنِي أَقْدِرُ عَلَيْهِ.

لا أَقْدِرُ عَلَى الجُلُوس فِي الشَّمْس سَاعَتٍ طَوِيلَة.

- فِي مَقْدُورِهِ أَنْ

فِي مَقْدُورِهِ أَنْ يَقُودَ سَيَّارَةً.

فِي مَقْدُورِهِ أَنْ يَسْبَحَ فِي البَحْر.

② 문형 해설

1) ‘ يُمْكِنُ ’은 ‘ أَمْكَنَ ’의 미완료형으로서 비인칭형태로 ‘능력’
  을 나타낸다. 부정은 ‘ لا يمكن ’로서 표현한다.
   ‘ يُمْكِنُ أَنْ ’는 동명사 형태인 ‘ مِنَ الْمُمْكِنِ ’로서 같은 의미
  를 표현한다.

يُمْكِنُ أَحْمَدُ أَنْ يَقْرَأَ اللُّغَةَ الْكُورِيَّةَ.

아흐마드는 한국어를 읽을 수 있다.

لا يُمْكِنُ السَّفَرُ فِي هَذَا الْجَوِّ الْحَارِّ.

이렇게 더운 날씨에 여행할 수 없다.

مِنَ الْمُمْكِنِ أَنْ أَحْضُرَ الاِجْتِمَاعَ غَدًا.

나는 내일 모임에 참가할 수 있다.

فِي أَقْرَبِ وَقْتٍ مُمْكِنٍ.

최대한 빠른 시간안에

   또한 ‘ أَمْكَنَ ’ 동사와 같은 어근을 가진 ‘ بِإِمْكَان ’로서 ‘능력’
  을 표현하기도 한다.

قَالَ مُحَمَّدٌ لِي إِنَّهُ بِإِمْكَانِهِ مُقَابَلَتِي فِي الْأُسْبُوعِ التَّالِي.

무함마드는 다음 주에 나를 만날 수 있다고 나에게 말했다.

بِإِمْكَانِكَ أَنْ تَشْتَرِيَ السَّيَّارَةَ الْغَالِيَةَ.

당신은 그 비싼 차를 살 수 있다.

2) 'يَسْتَطِيعُ'는 어근이 / ع ,و ,ط / 인 동사의 10형 미완료 동
사다. 역시 비인칭 형태로 '능력'을 나타낸다.
'يَسْتَطِيعُ أنْ'은 동명사 형태인 'اسْتِطَاعِ بِ'로서 같은 의
미를 표현한다.

يَسْتَطِيعُ خَالِدٌ أَنْ يَفْهَمَ اللُّغَةَ الصِّينِيَّةَ.

칼리드는 중국어를 이해할 수 있다.

سَوْفَ يَكُونُ بِاسْتِطَاعَتِى رُؤْيَتِكَ غَدًا.

나는 내일 너를 만날 수 있을 것이다.

3) 동사 'قدر'와 전치사 'على'가 결합하여 '능력'을 표현
할 수 있다.

هَذَا العَمَلُ صَعْبٌ. لكِنَّنِى أقدِرُ عَلَيْهِ.

이 일은 어렵다. 그러나 나는 할 수 있다.

أنَا لا أقدِرُ عَلَى الجُلُوس فِى الشَّمْس سَاعَتٍ طَوِيلَة.

나는 태양 아래에 몇시간씩 앉아 있을 수 없다.

4) 'قدر'의 수동분사 형태인 'مَقْدُورُ'을 이용하여 역시 '능
력'을 표현할 수 있다.

فِي مَقْدُورِهِ أَنْ يَقُودَ سَيَّارَةً.

그는 자동차를 운전할 수 있다.

فِي مَقْدُورِهِ أَنْ يَسْبَحَ فِي البَحْرِ.

그는 바다에서 수영할 수 있다.

1 아래 문장을 해석하시오.

(1) يمكن مين سو أن يفهم اللغة الصينية.

(2) هل من الممكن أن تتكلم اللغة المانية؟

(3) هل تستطيع أن تشرب خمرا؟ ـ لا. هذا ممنوع.

(4) لم استطع فهمه.

2 아래 보기에서 적당한 단어를 골라 문장을 완성하시오.

보 기

باستطاتي, ممكن, , بامكانك, يمكن, مقدوره

(1) هل (   ) أن أستعير هذه المجلة؟

(2) في (   ) أن يركب الدَّرَّاجة؟

(3) سوف يكون (   ) بذهاب إلى بغداد في الشَّهر التّالي.

(4) من (   ) اشتراك في هذه اللجنة؟

(5) (   ) أن تقدَر طول السّجادة بقدمك.

3 아래 문장을 아랍어로 작문하시오.

    (1) 나는 아랍어를 쓸 수 있다.

    (2) 나는 어제 런던으로 떠날 수 있었다.

    (3) 나는 비싼 차를 살 수 없다.

    (4) 칼리드는 바빠서 회의에 참석할 수 없다.

    (5) 이렇게 추운 날씨에는 여행을 떠날 수 없다.

4 능력의 표현에 관한 5개의 아랍어 문장을 만드시오.

④ 주요 단어

رُؤْيَة	만남, 봄	جَوٌّ	날씨
حَارٌّ	더운	جُلُوسٌ	앉음
قَادَ	운전했다	سَبَحَ	수영하다
شَمْسٌ	태양	مُقَابَلَة	만남
أُسْبُوع	주	تَالِيٌّ	다음의
غَالِيَة	비싼	الْمَانِيَة	독일
مَمْنُوع	금지	حَالَة	상태
حَرْبٌ	전쟁	دَرَّاجَة	자전거
أَسْتَعِيرُ	나는~ 대출한다	يُقَدِّرُ	평가한다
طُولٌ	길이	سَجَّادَة	쿠션
قَدَمٌ	발		

아랍인의 인사법

아랍어에는 사람들이 만나면 나누는 정형화된 인사말과 표현이 매우 풍부하다. 아랍어의 인사말은 보통 길고, 일종의 의식처럼 행해지고 있다. 방에서나 사무실에서 자주 악수(악수는 반드시 오른손으로 한다)를 하며, 심지어 악수 후에도 대화 도중 손을 서로 잡고 있기도 한다. 이는 정이 많은 아랍인들의 의식 구조의 한 단면이다.

1) 인사방법

아랍어의 가장 보편적인 인사말은 "앗쌀람 알라이쿰"(하나님의 평화가 여러분과 함께)- "와 알라이쿰 앗쌀람"(대답)이다. 이 인사법은 아랍 베드윈의 전통적인 인사법으로 오늘날 아랍인과 무슬림들이 널리 사용하는 인사말이다.

인사 후 손님은 몸을 가볍게 굽히고 먼저 바른 손을 가슴, 입술, 이마 쪽으로 옮겨가는데 이 몸짓은 "당신은 나의 마음, 말, 생각 속에 있다"는 뜻이다. 친구끼리는 일반적으로 악수를 하지만, 매우 친하거나 오랜만에 만났을 때는 포옹하거나 뺨, 이마, 어깨 등에 키스할 수도 있다.

여성의 경우, 오른 손을 서로 맞잡고 그 손을 입 쪽으로 가져간다. 그리고 볼에 키스할 때와 같이 키스하는 소리를 낸다. 여성들은 그 때의 기분 여하에 따라 서로 손에 키스하거나 입술에 키스하는 수도 있다. 볼에는 흔히 키스의 소나기를 퍼붓는다.

아침 인사는 "싸바흐 알카이르"(Good morning)라고 인사하며, 그 응답은 "싸바흐 안누르"(Good morning)이다. 저녁 인사는 "마싸흐 알카이르"(Good evening)이며 그 응답은 "마싸흐 안누르"(Good evening)이다. 이 인사는 영어 등 외국어의 영향을 받은 것이다.

2) 대화중 필요한 인사말

첫 만남의 인사를 하고 나면 건강에 관한 안부를 묻는다. 영어의 How are you? - Fine thank you 등에 해당되는 인사를 한다. 아랍어로는 "케이파 할루카"-"알 함두릴라"이다. "알 함두릴라"의 원래 의미는 "알라께 찬양을"이나 자신의 심신 상태가 어떻든 그의 건강은 하나님의 의지의 결과라고 보는 무슬림들의 사고 방식을 반영하고 있다. 이 말은 재채기 후, 식사나 여행 후, 또는 어떠한 고된 시련이 지나간 뒤에도 사용된다.

3) 기타 인사 표현

우리말의 '어서 오십시오' 또는 '반갑습니다' 의미의 아랍어 표현은 "아흘란 와 싸흘란"(Welcome!)이며, 이에 대한 대답은 "아흘란 비쿰"(Welcome!)이다.

또한 시간에 구애받지 않고 가까운 사이에 가볍게 인사할 때는 "아흘란"(Hello!) 이라 하고, "아흘란" 또는 "마르하바"로 대답한다. 그 밖에 반갑다는 의미의 표현으로 (특히 아라비아반도에서) "야, 할라" (Oh, welcome!) 등이 있다.

4) 제스처(Body language)

아랍인들은 말 없이 의사 표현이 가능한 제스처를 좋아 한다. 따라서 제스처는 아랍 인들과의 의사 소통에서 중요한 부분을 차지한다. 아랍인 들의 제스처중 중요한 것은 다음과 같다.

① 오른 손가락 끝을 함께 모은 다음, 손을 상하로 움직이면 참

으라는 표시이다.

② 손등과 손바닥에 키스하면 감사와 만족의 표시이다.

③ 엄지와 집게손가락 사이에서 턱 끝을 잡아당기면 말이나 행동에 대한 불만을 나타내며 "아입"(shame)이라는 말을 동시에 사용할 때가 많다.

④ 두 눈을 동시에 깜박거리면 (머리를 조금 끄덕이면서) '예'의 의미이다.

⑤ 두 눈썹을 동시에 올리면 (때때로 머리를 위로 약간 올리고 '쳇' 소리를 내면서) '아니오'의 의미이다.

⑥ 누군가를 부를 때는 손과 손가락을 아래로 향하면서 당신 쪽으로 움직이면 된다. 아랍인에게 손가락 하나를 위로 올려 부르는 것은 공격적인 의미가 담겨 있으므로 특히 주의해야 한다.

아랍 인사는 항상 그 응답 표현이 있으므로, 한 쌍으로 배워둘 필요가 있다. 그리고 일할 때나 거리, 까페, 상점이나 시장에서 매일 사람들을 만날 때 자주 사용할 수 있도록 인사말과 제스처를 잘 기억해 두면, 아랍인들과의 의사소통에 매우 유용하다.

아랍인들의 인사법

시리아 지방 도시, 마으롤라(아람어 사용지역)

시리아의 지방도시 하마의 물레방아

① 주요 표현

- يَجِبُ عَلَى أَنْ

يَجِبُ عَلَى الأَغْنِيَاءِ مُسَاعَدَةُ الفُقَرَاءَ.

- مِنَ الوَاجِبِ عَلَى أَنْ

مِنَ الوَاجِبِ عَلَيَّ أَنْ أَذْهَبَ إِلَى المُسْتَشْفَى.

- عَلَيْكَ أَنْ

عَلَيْكَ أَنْ تَتَبَرَّعَ لِلفُقَرَاءِ.

- مِنَ الازم أَنْ (= مِنَ الازم عَلَى)

كان مِنَ الازم أَنْ يُعَاقِبَ المُجْرِمَ عَلَى جَرِيمَتِهِ.

- مِنَ الضَّرُورِي ل أَنْ

كَانَ مِنَ الضَّرُورِي لهُ أَنْ يَخْرُجَ اللَّيْلَة المَاضِيَةِ.

- لا بُدَّ أَنْ (= لا بُدَّ ل مِنْ)

كلُّ إِنْسَانٍ لا بُدَّ لهُ مِنْ عَمَلٍ.

② 문형 해설

1) يَجِبُ أَنْ (~해야만 한다)

   يَجِبُ أَنْ 은 비인칭 주어(3인칭 남성 단수형태)로 쓰인다. 따라서 의무 대상을 구체적으로 나타낼 때는 'عَلَى +연계형 대명사' 로 나타낸다.

يَجِبُ أَنْ تَعْمَلَ بِجَدٍّ.

= يَجِبُ عَلَيْكَ أَنْ تَعْمَلَ بِجَدٍّ.

당신은 열심히 일해야만 한다.

2) الأَغْنِيَاءُ, الفُقَرَاءُ

   الأَغْنِيَاءُ 는 غَنِيّ (부유한)의 복수형으로서 정관사와 함께 '부자' 의 의미로 사용된다. الفُقَرَاءُ 역시 فَقِير (가난한)의 복수형으로서 '가난한 사람' 의 의미로 사용된다. 이는 영어에서 'the+형용사' 가 '~한 사람' 의 의미로 사용되는 것과 같은 형태다.

3) مِنَ الوَاجِبِ عَلَى أَنْ

   مِنَ الوَاجِبِ عَلَى أَنْ 의 형태로 '의무' 를 표현할 수 있다. 이 때 عَلَى 에 연계형 대명사를 연결하여 의무의 주체를 표현할 수 있다.

مِنَ الوَاجِبِ أَنْ نَصِلَ قَبْلَ الاجْتِمَاع.

우리는 회의 이전에 도착해야만 한다.

مِنَ الوَاجِبِ عَلَيَّ أَنْ أَذَهَبَ إِلَى المُسْتَشْفَى.

나는 병원에 가야만 한다.

4) عَلَى أَنْ

عَلَى أَنْ 역시 '의무'를 표현할 수 있다. 이때 عَلَى 에 연계형 대명사를 연결하여 의무의 주체를 표현할 수 있다.

عَلَيْكَ أَنْ تَتَبَرَّعَ لِلْفُقَرَاءِ.

당신은 가난한 사람을 도와야만 한다.

عَلَيْنَا أَنْ نَحْتَرِمَ شُعُورَ الأَخَرِينَ.

우리는 타인의 감정을 존중해야만 한다.

5) مِنَ الضَّرُورِي لِ أَنْ

مِنَ الضَّرُورِي لِ أَنْ 에서 'لِ' 에 연계형 대명사를 연결하여 의무의 주체를 표현할 수 있다.

كَانَ مِنَ الضَّرُورِي لَهُ أَنْ يَخْرُجَ اللَّيْلَةَ المَاضِيَةَ.

그는 지난 밤에 나갔어야만 했다.

مِنَ الضَّرُورِي لَكَ أَنْ تَعْمَلَ بِجَدٍّ.

당신은 열심히 일해야만 한다.

6) لَا بُدَّ أَنْ (= لَا بُدَّ لـ مِنْ)

لَا بُدَّ أَنْ 은 부정사 ‘لَا’ + بُدَّ (탈출, 출구)+종속 접속사
‘أَنْ’ 으로 구성되어 ‘의무’, 또는 ‘단정’을 표현한다.
또한 لَا بُدَّ لـ مِنْ 의 전치사 ‘لـ’에 연계형 대명사를 연결하여
의무의 주체를 표현한다.

كُلُّ إِنْسَانٍ لَا بُدَّ لَهُ مِنْ عَمَلٍ.

모든 인간은 일을 해야만 한다.

لَا بُدَّ أَنِّي ارْتَكَبْتُ كَثِيرًا مِنَ الأَخْطَاءِ.

내가 많은 실수를 범했음이 틀림없다.

① 아래 문장을 해석하시오.

(1) آسف لتأخري فكان يجب على أن أركب تاكسي.

(2) من الضروري لي أن أحصل على بعض المساعدة.

(3) من الواجب على المرشّح أن يشرح سياسته للنّاخبين.

(4) من الازم أن نرشد الأبناء إلى الطّريق الصّحيح.

(5) لا بدَ أنه طالب مجتهد.

② 아래 보기에서 적당한 단어를 골라 문장을 완성하고 해석
하시오.

보기

الواجب, بدَّ, الازم, ضروري, عليَ

(1) لا (   ) أنها طالبة كسلانة.

(2) من (   ) عليها أنها طبيبة.

(3) من (   ) لك أن تأكل فطورا كلّ يوم.

(4) (   ) أن أدرس اللّغة العربيّة.

(5) من (   ) أن أكمل شغل بيت.

③ 주어진 단어를 이용하여 아래 문장을 아랍어로 작문하시오.

(1) 부자는 가난한 사람을 도와야만 한다.

(2) 이집트를 방문하면, 이집트 박물관을 가야만 한다.

(3) 나는 지금 장관을 만나야만 한다.

(4) 틀림없이 이것이 그 이유다.

(5) 노인들을 공경해야만 한다.

④ 의무와 단정의 표현에 관한 5개의 문장을 만드시오.

④ 주요 단어

단어	뜻	단어	뜻
أَغْنِيَاءُ	부자	مُسَاعَدَة	도움
فُقَرَاءُ	가난한 자	تَتَبَرَّعُ	당신은 돕는다
نَحْتَرِمُ	우리는 존중한다	شُعُورٌ	감정
يُعَاقِبُ عَلَى	~처벌하다	مُجْرِمٌ	범인
جَرِيمَة	범죄	بَعْضُنَا الْبَعْضُ	우리 서로
مَاضِيَة	지나간	بِجَدٍّ	열심히
إِنْسَان	인간	اِرْتَكَبَ	(잘못을)저질렀다
أَخْطَاءٌ	실수	صِحَّة	건강
غَيْرُ	다른, 비~	مُسَاوِيَة	평등
شَهَادَةٌ	학위	أَعْجَبَ	놀라게 하다
اِنْتِخَابٌ	선거	يَمْنَحُ	~을 허용하다
مُجْتَمَعٌ	사회	أَرْكَبُ	나는~을 탄다
مُرَشَّحٌ	후보	شَرَّحَ	설명했다
نَاخِبِينَ	투표자	نُرْشِدُ	우리는 인도한다
أَبْنَاءُ	아들	طَرِيقٌ	길
صَحِيحٌ	옳은	مُجْتَهِدٌ	근면한
يَنْعَقِدُ	개최되다	جُمْهُورِيَة	공화국
بَدْو	베드윈	رَحَّبُوا	(그들은)공경했다
زَائِرٌ	방문객	مُسْتَشْفَى	병원

이슬람의 축제

이슬람에서 가장 중요한 축제는 이드 알아드하(희생제)와 이드 알피트르(단식 종료절 또는 파제절)이다. 이 두 축제는 우리 나라의 설날과 추석에 해당될 만큼 큰 명절이다.

이슬람력 9월의 이드 알피트르와, 12월의 이드 알아드하는 음력(이슬람력)에 의해 결정된다.

이슬람의 음력은 양력보다 1년에 약 10일에서 11일 정도 빠르고, 완전히 한바퀴 도는 데에 33년이 걸린다. 따라서 두 축제는 우리 나라 음력의 경우처럼 거의 고정되어 있지 않고 해마다 당겨지고 있다.

1) 이드 알피트르

라마단(Ramadan)은 코란이 예언자 무함마드에게 계시된 뜻있는 달로서 하루 대부분의 시간을 기도에 할애하고 코란을 낭송하는 무슬림들에게 특별히 성스러운 시기이다 라마단 월 마지막날에 이뤄지는 축제를 "이드 알피트르"라고 부르며 보통 3일간 지속되는 작은 명절(큰명절인 희생제와 비교하여)이다. 이 축제 기간에는 백화점이나 상점등에서 세일을 하고 여행도 하며, 새 옷을 입고 친구들과 친척들을 방문하고 가난한 이들에게 돈이나 물건을 나누어 주는 것이 관례이다.

라마단 기간의 대표적인 아랍음식, 까타이프

2) 이드 알아드하

이슬람력의 두번째 주요 축제는 순례로서 이슬람력 12월에 행해진다. 남녀를 불문하고 모든 무슬림은 평생에 한번 이상 정해진 기간에 사우디 아라비아에 위치한 성지인 메카와 메디나 순례를 수행해야 할 의무를 갖고 있다. 이것을 '핫지'(대순례)라고 하고, 정해진 기간이 아닌 경우에 메카 순례를 하면 '오무라'(소순례)라고 하며 오무라를 행한 자는 훗날 정식 순례가 의무화되어 있다. 순례가 끝날때까지 성생활은 물론 보석, 향수 및 기타 장신구를 착용하거나 사용해서는 안된다. 메카에서 순례를 마치는 날인 이슬람력 12월 10일에 이뤄지는 축제를 아랍어로 "이드 알아드하"라고 하며 보통 4일간 지속된다. 이 축제의 이름은 순례의 종료를 기념하기 위해서 양(또는 염소)을 바치고 먹는 관습과 관련되어 있다. 즉 아브라함이 하나님의 섭리에 따라 그의 아들인 이스마일을 희생 제물로 바치는 대신 양을 바친 것을 기념하기 위한 날이다. 하나님에 대한 아브라함의 순종이 확인됐을 때 천사 가브리엘이 그의 아들 대신에 마지막 순간에 양 한마리를 가져왔던 것이다.

희생제를 드리는 아침에 사람들이 기도 장소에 모여 함께 기도한 후 이맘은 국가를 위해 양 한마리를 희생시키고 그 다음 자기 가족을 위해 또 한마리를 희생시킨다. 무슬림들은 가정으로 돌아와서 가장이 양등을 그의 가족을 위해 희생시킨다. 그 희생된 양을 가족, 친구, 친지 그리고 가난한 사람들과 나누어 먹은 다음 축제 기간동안 친척과 친구를 방문하기도 한다.

이슬람력 새해 기념일에는 우리와는 달리 하루 동안 기도와 예배로 새해를 기념한다. 새해 인사(Happy New Year)로 "쿨루 싸나 와 안툼 비카이르" 또는 "쿨루 암 와 안툼 비카이르"가 있는데, 이 표현은 다른 이슬람 축제 때 함께 쓰기도 한다.

순례중인 무슬림들

기도하는 무슬림들

① 주요 표현

- أَمِلَ (يَأْمُلُ) أَنْ

كَانَ يَأْمُلُ النَّجَاحَ فِي مِهِمَّتِهِ.

كَانَتْ تَأْمُلُ أَنْ تَحْصُلَ عَلَى الْجَائِزَةِ.

- رَجَا (يَرْجُو) أَنْ

رَجَوْتُ أَخِي أَنْ يُسَاعِدَنِي عَلَى حَلِّ مَسْأَلَةِ الْحِسَابِ.

يَرْجُو مُحَمَّدٌ أَنْ يَنْتَهِي هَذَا الْعَمَلَ فِي الصَّيْفِ.

- رَغِبَ (يَرْغَبُ) فِي

يَرْغَبُ أَحْمَدُ فِي شِرَاءِ الْقَامُوس الْجَدِيدِ.

يَرْغَبُ سَامِي فِي أَنْ يُصْبِحَ عَالِمًا شَهِيرًا.

- أَرَادَ (يُرِيدُ) أَنْ

مَاذَا تُرِيدُ أَنْ تَشْتَرِي؟

يُرِيدُ مُصْطَفَى ذَهَابًا إِلَى أَمْرِيكَا.

- تَمَنَّى (يَتَمَنَّى)

أَتَمَنَّى لَكَ التَّوْفِيقَ.

- مِنَ الْمُتَوَقَّعِ أَنْ

مِنَ الْمُتَوَقَّعِ أَنْ يَنْزِلَ مَطَرًا كَثِيرًا.

② 문형 해설

1) **أَمَلَ** (원하다)의 목적어로서는 실명사, 대명사, 동사문, 절 등이 사용될 수 있다.

$$\text{كَانَ يَأْمَلُ النَّجَاحَ فِي مِهْمَتِهِ.}$$

그는 그의 일에서 성공하기를 원하곤 했다.

$$= \text{كان يَأْمَلُ أَنْ يَنْجَحَ فِي مِهْمَتِهِ.}$$

그는 상을 받기를 원하곤 했었다.

2) **رَجَا** (원하다)는 3번째 어근이 / **و** / 인 말약 동사다. 말약 동사의 제 3근은 동사의 인칭과 시상에 따라 원래의 어근자 / **و** / 는 / **ي** / 가 생략되기도 하고 나타나기도 한다. **رَجَا** 의 시상과 인칭에 따른 형태 변화는 아래와 같다.

인칭 / 시상		완 료	미 와 료
1인칭		رَجَوْتُ	أَرْجُو
2인칭	남성	رَجَوْتَ	تَرْجُو
	여성	رَجَوْتِ	تَرْجِينَ
3인칭	남성	رَجَا	يَرْجُو
	여성	رَجَاتْ	تَرْجُو

$$\text{رَجَوْتُ أَخِي أَنْ يُسَاعِدَنِي عَلَى حَلِّ مَسْأَلَةِ الْحِسَابِ.}$$

나는 내가 수학 문제를 풀도록 나의 형이 나를 도와 주기를 바랬었다.

يَرْجُو مُحَمَّدٌ أَنْ يَنْتَهِي هَذَا الْعَمَلَ فِي الصَّيْفِ.

무함마드는 이번 여름에 이 일을 끝내기를 바란다.

3) رَغِبَ:의 목적어는 전치사 فِي 뒤에 위치한다.
'رَغِبَ+동명사' 는 'أَنْ + رَغِبَ فِي' 동사문으로 전환

يَرْغَبُ أَحْمَدُ فِي شِرَاءِ الْقَامُوسِ الْجَدِيدِ.

= يَرْغَبُ أَحْمَدُ فِي أَنْ يَشْتَرِي الْقَامُوس الْجَدِيدِ.

아흐마드는 새 사전을 사기를 원한다.

يَرْغَبُ سَامِي فِي أَنْ يُصْبِحَ عَالِمًا شَهِيرًا.

사미는 유명한 학자가 되기를 원한다.

4) أَرَادَ 는 2번째 어근이 /ع/ 인 중약동사의 4형 동사다.
أَرَادَ 의 목적어로는 실명사와 동사절이 사용될 수 있다.

مَاذَا تُرِيدُ أَنْ تَشْتَرِي؟

= مَاذَا تُرِيدُ اشْتِرَاءً؟

당신은 무엇을 사고 싶습니까?

يُرِيدُ مُصْطَفَى أَنْ يَذْهَبَ إِلَى أَمْرِيكَا.

= يُرِيدُ مُصْطَفَى ذَهَابًا إِلَى أَمْرِيكَا.

무스타파는 미국에 가기를 원한다

أرادَ 의 시상과 인칭에 따른 형태 변화는 아래와 같다.

인칭 / 시상		완 료	미 완 료
1인칭		أرَدْتُ	أُريدُ
2인칭	남성	أرَدْتَ	تُريدُ
	여성	أرَدْتِ	تُريدينَ
3인칭	남성	أرَادَ	يُريدُ
	여성	أرَادَتْ	تُريدُ

예멘의 평야

① 아래 문장을 해석하시오.

(1) لقد أراد مين سو أن يطير إلى روما.

(2) من المتوقع أن أحصل على المعلومات عن حالة الاقتصاد.

(3) ترجو ليلى أن تدرس اللغة الكورية.

(4) بمجرد ما انتهى عملها, أخبرتني فاطمة برغبتها في الذهاب إلى المنزل.

(5) أملك أن تقول لي حقيقة.

② 보기에서 적당한 단어를 골라 아래 문장을 완성 하시오.

보기

تريده, بحاجة, في, إعطائك, أرجو

(1) ما مقدار البنزين الذي (   )؟

(2) يأمل (   ) بعض النصائح.

(3) تلك النوافذ متسخة إنها (   ) للغسيل.

(4) (   ) شراء بعض الفاكهة من السَوق.

(5) لم أرغب (   ) إزعاجه.

3 아래 문장을 아랍어로 작문하시오.

(1) 나는 입사 시험에 합격하고 싶다.

(2) 파티마는 최신형 컴퓨터를 사고 싶어 한다.

(4) 네가 원하는 자동차는 무엇이냐?

(5) 나는 칼리드가 시험에 합격하기를 기대한다.

(6) 미 국무장관은 요르단 국왕을 이번 중동 순방 기간 동안 만나기를 기대하고 있다.

4 희망과 기대의 표현에 관한 5개의 문장을 만드시오.

نَجَاحٌ	성공	مِهْنَة	일, 직업
يَنْتَهِي	끝나다	صَيْفٌ	여름
قَامُوسٌ	사전	يَشْتَرِي	~을 사다
مِنَ الْمُتَوَقِّع أَنْ	~을 기대하다	حُصُولٌ (عَلَى)	획득
جَائِزَةٌ	상	يَطِيرُ	비행하다
رُومَا	로마	مَعْلُومَاتٌ	정보
حَالَة	상태	اقْتِصَادٌ	경제
بِمُجَرَّدِ مَا	~하자마자	ذَهَابٌ	~로 감
مَنْزِلٌ	집	نَوَافِذُ	창문(복수형)
حَقِيقَة	사실	مِقْدَارٌ	분량, 수량
إِعْطَاءٌ	~을 줌	نَصَائِحُ	충고(복수형)
فَاكِهَة	과일	مُتَّسِخَة	더러운
حَاجَة	필요, 요구	غَسِيلٌ	청소
شِرَاءٌ	구입	إِزْعَامٌ	방해

아랍인들의 여가

1) 스포츠

아랍 세계에서 보편화되어 있는 스포츠는 축구, 농구, 배구, 조깅, 테니스, 수영 등이다. 이들 스포츠는 개인 경기보다는 여러 명이 참가하는 단체 경기를 선호하는 아랍인들의 특성과 잘 부합된다. 이중에서 아랍인에게 가장 인기가 있는 것은 축구다. 아랍인들의 축구에 대한 애정과 관심은 거의 광적이라고 할 수 있으며 실제로 아랍국가 중에서 사우디 아라비아, 쿠웨이트, 이라크, 이집트, 튀니지, 모로코 등은 올림픽이나 월드컵에 아시아 또는 아프리카 대표로 참가하고 있다.

2) 가수

아랍의 가수들 중 이집트 여가수 움무 쿨숨(Umm Kulthum)과 남자가수 파리드 알-아트 라쉬 (Farid al-Atrash), 압둘 할림 하피즈(Abdul Hali:m Ha:fiz)나, 레바논의 국민가수라 할 수 있는 페이루즈(Fayruz)와 싸바흐(Sabah) 등은 나이와 시위를 불문하고 여러 지역과 계층으로부터 대중적인 인기를 누렸다.

특히 움무 쿨숨은 '동방의 별', '아랍 노래의 퍼스트 레이디'로 잘 알려져 있으며 1975년에 사망할 때까지 수십 년 간 이집트 최고 인기 가수였다. 그녀는 1950년대 말과 1960년대 초, 이집트의 가말 압둘 낫세르 대통령과 더불어 단결과 발전의 아랍세대 희망을 대표하는 아랍민족주의 상징이었다. 그녀는 예언자의 부인 이름을 예명으로 사용하였고, 어려서부터 코란을 배우며 예언자와 무슬림 지도자들의 탄신 축제 때 노래를 부르기 시작

했다. 유명한 노래 중에는 '당신은 나의 인생', '사랑의 밤', '천일 밤' 등
이 있다.

아랍 노래의 주제들은 흔히 사랑, 배신과 상실 등이며 한 가수가 노래 한
곡을 한시간에 걸쳐 부를 때도 있다.

까눈을 연주하는 여인

물담배를 피고 있는 아랍인

3) 물 담배

아랍인들의 기호품중 대표적인 것이 물 담배다. 아랍에서는 실내 또는 노상 카페에서 주로 남자들이 물 담배를 피고 있는 모습을 쉽게 발견할 수 있다.

이슬람법에서 술이 금지되어 있기 때 문에 성인 남자들은 차와 커피 그리고 물 담배를 굉장히 즐긴다. 물 담배의 종류는 아래와 같다.

a) 구자(gu:ja) : 물 담뱃대 또는 수연통이라고 하며 영어로는 hookah, argile, 또는 hubble-bubble이라고 한다. 꼭대기에 석탄이나 숯을 태우며, 물이 담겨있는 병같이 생긴 용기가 부착되어 있는 대나무 파이프이다.

때때로 법적으로 금지된 마약의 일종인 하쉬쉬를 넣어 피울 때도 있다. 이 관습은 오스만 터키 제국 통치시 터키나 이란으로부터 이집트로 유입된 후 다른 아랍 국가들에 퍼진 것으로 알려져 있다.

b) 쉬샤(shi:sha) : 위에서 언급한 구자보다 신형이고 물통 부분이 크다. 구자는 보통 손으로 들고 사용하지만 쉬샤는 바닥에 놓고 사용한다. 담배 재료는 딸기, 메론, 사과 등 다양한 과일의 농축액을 사용한다. 담배 맛은 조금 독하나 우리 나라 조상들의 곰방대처럼 길이가 길어서 니코틴이나 타르가 적게 나온다.

쉬샤는 주로 카페에서 성인 남자들이 즐기는 기호품이지만 술집 여자나 여걸들이 피기도 한다.

1 주요 표현

- أفْعَلُ مِنْ

مُحَمَّدٌ أطْوَلُ مِنْ خَالِد.

أُخْتِي أجْمَلُ مِنْ لَيْلَى.

بَيْتِي أجَدُّ مِنْ بَيْتِكَ.

- أشَدُّ بَيَاضًا

هَذَا البِنَاءُ أشَدُّ بَيَاضًا مِنْ ذَلِكَ.

هَذِهِ الوَرْدَةُ أكْثَرُ احْمِرَارًا مِنْ تِلْكَ.

- خَيْرٌ, شَرٌّ

العَمَلُ خَيْرٌ مِنَ النَّوْمِ.

أنْتَ شَرٌّ مِنْهُ.

- الأفْعَلُ, الفُعْلَى

هُوَ أطْوَلُ رَجُلٍ فِي المَدِينَةِ.

= هُوَ أطْوَلُ الرِّجَالِ فِي المَدِينَةِ.

= هُوَ الرَّجُلُ الأطْوَلُ فِي المَدِينَةِ.

= هُوَ أطْوَلُهُمْ فِي المَدِينَةِ.

هِيَ أجْمَلُ طَالِبَةٍ فِي المَدْرَسَةِ.

= هِيَ أجْمَلُ الطَّالِبَاتِ فِي المَدْرَسَةِ.

= هِيَ الطَّالِبَةُ الجُمْلَى فِي المَدْرَسَةِ.

= هِيَ أجْمَلُهُنَّ فِي المَدْرَسَةِ.

1) 아랍어의 비교 표현은 형용사를 ‘أَفْعَلُ’ 형으로 변화시킨
   다. ‘أَفْعَلُ’ 형은 주어의 성과 수의 지배를 받지 않으며,
   비교 대상은 전치사 ‘مِنْ’ 뒤에 위치한다.

مُحَمَّدٌ أَطْوَلُ مِنْ خَالِدٍ.

무함마드는 칼리드 보다 키가 크다.

أُخْتِى أَجْمَلُ مِنْ لَيْلَى.

나의 누이는 라일라 보다 이쁘다.

كَانَ جَيْشُ رُومَا أَقْوَى مِنْ جَيْشِ الْعَرَبِ.

로마 군대는 아랍 군대보다 강했다.

　－ 2번째 어근과 3번째 어근이 같은 자음인 중복 동사는
   ‘أَقَلّ’ 형으로 변화시킨다.

بَيْتِى أَجَدُّ مِنْ بَيْتِكَ.

나의 집은 너의 집보다 새집이다.

ثَرْوَتِي أَقَلُّ مِنْ ثَرْوَةِ شَقِيقَتِي.

나의 재산은 나의 형제의 재산보다 작다.

2) 색깔의 형용사처럼 원래가 ‘أَفْعَلُ’ 형인 형용사나 ‘أَفْعَلُ’
   형으로 할 수 없는 파생형 동사의 분사는 형용사의 동명사
   를 비한정 단수 대격 형태인 타미즈 (التَّمْيِيزْ) 로 하고,

أَشَدُّ (더욱 강한), أَكْثَرُ (더욱 많은), أَقَلُّ (더욱 작은) 등
으로 비교를 표시한다.

هَذَا الْبِنَاءُ أَشَدُّ بَيَاضًا مِنْ ذَلِكَ.

이 건물은 저 건물보다 희다.

هَذِهِ الْوَرْدَةُ أَكْثَرُ احْمِرَارًا مِنْ تِلْكَ.

이 장미는 저 장미보다 붉다.

3) 'خَيْرٌ'와 'شَرٌّ'은 형태 변화없이 비교급이 된다.

الْعَمَلُ خَيْرٌ مِنَ النَّوْمِ.

일하는 것이 잠자는 것보다 낫다.

الْجَمَلُ خَيْرٌ مِنَ الْحِصَانِ لِسُكَّانِ الصَّحْرَاءِ.

사막의 거주민들에게는 낙타가 말보다 낫다.

أَنْتَ شَرٌّ مِنْهُ.

당신은 그보다 더 나쁘다.

4) 최상급 표현

최상급 표현은 아래의 4가지 방법이 있다.

(1) أَفْعَلُ +비한정 단수 속격 명사

هُوَ أَطْوَلُ رَجُلٍ فِي الْمَدِينَةِ.

그는 도시에서 가장 키가 큰 남자다.

هِيَ أَجْمَلُ طَالِبَةٍ فِي المَدْرَسَةِ.

그녀는 학교에서 가장 아름다운 여학생이다.

(2) أفعل +한정 복수 속격 명사

هُوَ أَطْوَلُ الرِّجَالِ فِي المَدِينَةِ.

그는 도시에서 가장 키가 큰 남자다.

هِيَ أَجْمَلُ الطَّالِبَاتِ فِي المَدْرَسَةِ.

그녀는 학교에서 가장 아름다운 여학생이다.

(3) أفعل +연계형 복수 인칭 대명사

هُوَ أَطْوَلُهُمْ فِي المَدِينَةِ.

그는 도시에서 가장 키가 큰 남자다.

هِيَ أَجْمَلُهُنَّ فِي المَدْرَسَةِ.

그녀는 학교에서 가장 아름다운 여학생이다.

(4) 최상급 형용사가 명사를 수식할 때에는 남성형은 ‘الأَفْعَل’ 형, 여성형은 ‘الفُعْلَى’ 형으로 하며, 수식하는 명사에 성을 일치한다.

هُوَ الرَّجُلُ الأَطْوَلُ فِي المَدِينَةِ.

그는 도시에서 가장 키가 큰 남자다.

هِيَ الطَّالِبَةُ الجُمْلَى فِي المَدْرَسَةِ.

그녀는 학교에서 가장 아름다운 여학생이다.

1 아래 문장을 해석하시오.

(1) ليلي أجمل بنت في تلك المدينة المشهورة.

(2) هذا الطريق أصعب من ذلك. هو أصعب طرق الشام.

(3) أي مدينة أقدم؟

(4) تعلّمنا أكثر منكم.

(5) النيل من أطول أنهار العالم.

2 문장을 ( )안의 지시에 따라 비교급 또는 최상급으로 만
드시오.

(1) اختي طويلة. – زوجتي.	(비교급)
(2) المتحف مشهور. – المدرسة.	(비교급)
(3) هذه قصر قديم.	(최상급)
(4) هذا مطعم جديد.	(최상급)
(5) هذا موضوع هامّ.	(최상급)

3 아래 문장을 아랍어로 작문하시오.

(1) 이 나무는 저 나무보다 더 오래되었다.

(2) 태평양은 세계에서 가장 큰 바다다.

(3) 남자는 여자보다 강하다.

(4) 아랍어는 세상에서 가장 아름다운 언어다.

(5) 무함마드는 그의 형보다 착하다.

4 비교의 표현에 관한 5개의 문장을 만드시오.

أَشَدُّ	더욱 강한	جَمَلٌ	낙타
بِنَاءٌ	건물	حِصَانٌ	말
وَرْدَةٌ	장미	سُكَّانٌ	거주민
احْمِرَارٌ	붉음	صَحْرَاءُ	사막
خَيْرٌ	선한, 좋은	مَشْهُورٌ	유명한
شَرٌّ	악한, 나쁜	طَرِيقٌ	길
نَوْمٌ	잠	أَصْعَبُ	더욱 험한
جَيْشٌ	군대	النَّيْلُ	나일 강
رُومَا	로마	مَطْعَمٌ	식당
شَقِيقَة	형제	مَوْضُوعٌ	주제
ثَرْوَةٌ	재산	هَامٌّ	중요한

아랍의 음식과 음식문화

1) 아랍의 음식

 - 아랍 음식은 페르시아와 터키문화의 영향을 받은 일종의 지중해 요리라고 볼 수 있다. 아랍 음식에서 밀은 기본적인 곡물이다. 보통 제분소에서 갈아서 집에서 반죽한 후 작고 납작한 덩어리로 만들어 공동 오븐이나 빵집에서 굽는다.

 - 양, 염소, 낙타, 물소, 젖소의 우유를 마시며 치즈와 버터 그리고 요구르트 제품을 만든다. 제일 많이 먹는 고기는 양고기이다. 보통물이 귀해 탕종류로 만들기 보다는 불에 구워먹거나 튀겨 먹는다.

요르단 전통 음식 맨삽

- 아랍인들은 쌀도 잘 먹는다. 그러나 우리처럼 차지고 흰 맨밥이 아니고 기름에 볶거나 튀기든지 또는 내장을 빼고 고기배 안에 넣고 다른 재료나 양념과 함께 요리해서 먹는다. 예를 들어 이집트에서는 서민들이 즐겨 먹는 쿠샤리가 있는데 이것은 빵속에 쌀과 마카로니, 렌즈 콩, 양파 그리고 소스를 넣은것이다.

널리 알려진 아랍음식으로는 고기나 생선 또는 닭고기에 밀가루 반죽을 해서 양파, 감자, 고추향료들을 섞어 만든 쿠스쿠시, 콩으로 만드는 훔무스와 케밥 그리고 일종의 샐러드인 탑불라를 들 수 있으며 잘게 썬 양고기(또는 닭고기, 쇠고기)와 양념을 섞어 만든 일종의 샌드위치인 샤와르마는 대중적인 아랍 음식이다.

훔무스

샤와르마

2) 아랍인들의 일반적인 음식 문화는 다음과 같다

 - 우선 먹기전에 손을 깨끗이 씻어야 한다. 바닥에 앉을 때는 두발을 안쪽으로 들여놓거나 혹은 오른다리를 세우고 왼쪽다리를 안쪽으로 들여놓아야 한다 음식을 들기 전 반드시 '비스밀라' (하나님의 이름)으로 라고 말한다

 - 가까이 있는 음식을 먹되, 가운데 있는 것을 가져가는 것은 좋지 않다.

 - 뜨거운 음식을 입으로 훌훌 불어서는 안되며 식을 때까지 기다려야 한다.

아랍의 식당 내부 모습

- 여러 명이 먹고 마실때는 최고 연장자에게 음식과 마실 것을 우선 제공 해야 한다. 그 다음 순서는 연장자의 오른쪽부터 권하면 된다. 자신보다 연장자이거나 사람과 같이 식사를 하는 경우에 그들보다 먼저 음식을 먹거나 마셔서는 안된다. 그런 경우는 무례한 행동으로 간주되기 때문이다.

- 식사는 여럿이 함께 하는 것이 좋다. 딸과 아들 가족은 물론 손님과 함께 심지어 하인과 같이 식사를 하는 것이 축복을 받는다고 예언자는 언급한다.

- 식사를 모두 마치면 '알함두릴라' ('알라께 찬미를')라고 말한다

- 손님은 주인의 환대에 대한 고마움의 표시를 한다. 식사를 마친 후 주인이 이처럼 잘 대접할 위치에 항상 있게 되기를 바란다는 것을 의미하는 말 즉, '다이만' (항상 축복이 있기를!) 이라고 주인에게 말하는 것이 관례이다. 이 때 주인은 '하니얀' (즐거웠습니다) 이라고 대답한다.

- 마실때는 서서 마시는 것을 싫어하고 앉아서 마신다. 특히 갈증을 해소하기 위해 물을 마실 때에도 한꺼번에 마시지 않고 세번에 나누어 마신다 사무실등에서 차나 커피를 대접 받을때 천천히 마시되, 세 번까지는 사양하지 않고 마시는 것이 예의다. 세번이후 커피를 사양할 때는 잔을 들어서 가볍게 흔든다.

아랍 과자

아랍의 식단

1 주요 표현

- لَوْ - لَ

  لَوْ دَرَسَ لَنَجَحَ.

  لَوْ لَمْ أَكُنْ أُسْتَاذًا لَمَا سَاعَدْتُكَ.

- إِنْ

  إِنْ دَرَسَ نَجَحَ.

  إِنْ لَمْ يَحْضُرْ مُوسَى فَلْنُؤَخِّلُ الاِجْتِمَاعَ.

- إِذَا

  إِذَا تَرَكَ أَحْمَدُ دِمَشْقَ فِي الصَّبَاح كَانَ هُنَا قَبْلَ الْمَسَاء .

  إِذَا كَانَتْ مَكَانَةُ الْمَرْأَةِ مُسَاوِيَةً لِمَكَانَةِ الرَّجُلِ فَنُسَاعِدُ تَطَوُّرَ الْمُجْتَمَع.

- مَنْ

  مَنْ أَكْرَمَنِي أَكْرَمْتُهُ.

  مَنْ قَالَ ذَلِكَ كَذَبَ.

- مَهْمَا

  مَهْمَا قُلْتَ لِي أُصَدِّقُكَ.

  مَهْمَا تَفْعَلُوا يَعْلَمْهُ اللهُ.

② 문형 해설

1) لَوْ - لَ

- 조건사 '‎لَوْ‎'는 실현 불가능한 가정을 나타내며, 결과절은 '‎لَ‎' 이 이끈다. 조건절과 결과절은 모두 완료형 동사를 사용한다.

لَوْ ذَهَبْتُ لَقَابَلْتُهُ.

내가 간다면 그를 만날 수 있을 것이다.　　(실제로는 갈 수 없다.)

لَوْ سَمَحَتْ لِي الْوَقْتُ لَزُرْتُ كُورِيَا.

시간이 허락한다면, 나는 한국을 방문할 것이다.
(실제로는 방문할 수 없다)

- 조건사 '‎لَوْ‎'가 이끄는 조건절의 부정은 조건절은 '‎لَمْ‎ + 단축법', 결과절은 '‎لَمَا‎ +완료형 동사' 로 한다.

لَوْ لَمْ أَكُنْ أُسْتَاذًا لَمَا سَاعَدْتُكَ.

내가 교수가 아니었다면, 너를 도울 수 없을 것이다.
(실제로는 교수이기 때문에 도울 수 있다)

لَوْ كُنْتُ مَكَانَكَ لَمَا فَعَلْتُ ذَلِكَ.

내가 너의 입장이라면, 나는 그렇게 하지 않을 것이다.

2) إِنْ

- 조건사 '‎إِنْ‎' 은 어느 정도 실현 가능한 가정을 나타 낸다. 조건절과 결과절에는 완료 동사나 미완료 단축법 동사를 쓸 수 있다.

إِنْ دَرَسَ نَجَحَ.

그가 공부한다면 성공할 것이다.

إِنْ يَدْرُسْ يَنْجَحْ.

그가 공부한다면 성공할 것이다.

　－ 조건절의 동사가 완료 동사이고, 결과절이 미완료 동사면, 결과절에 ‘فَ’ 를 접두한다.

إِنْ لَمْ يَحْضُرْ مُوسَى فَنُؤَخِّلُ الاجْتِمَاعَ.

무사가 참석하지 않는다면, 우리는 회의를 연기할 것이다.

إِنْ كَانَ مَحْمُودٌ إِنْسَانًا مُخْلِصًا فَسَوْفَ يُسَاعِدُنَا.

마흐무드가 성실한 사람이라면, 그는 우리를 도울 것이다.

3) إِذَا
　－ إِذَا 는 실현 가능한 가정으로서 '기대' 의 의미도 있다.
　조건절과 귀결절은 모두 완료형 동사가 사용되며, 부정은 조건절을 ‘ لَمْ +단축법’ 으로 쓰며 결과절은 의미에 따라 적당히 변화시킨다.

إِذَا دَرَسَ نَجَحَ.

그가 공부한다면 성공할 것이다.

إِذَا زُرْتُ بَيْرُوتَ سَأُقَابِلُ رَئِيسَ الْبَلَدِيَّةِ.

내가 베이루트를 방문한다면, 나는 시장을 만날 것이다.

– 조건절이 명사문일 경우는 كَان 동사의 완료형을 사용한다.

إِذَا كَانَتْ مَكَانَةُ الْمَرْأَةِ مُسَاوِيَةً لِمَكَانَةِ الرَّجُلِ فَتُسَاعِدُ تَطَوُّرَ الْمُجْتَمَعِ.

여성의 위치가 남성과 같아 진다면, 사회 발전을 도울 것이다.

4) مَنْ (~하는 사람은 누구나)

مَنْ أَكْرَمَنِي أَكْرَمْتُهُ.

나를 공경하는 사람은 누구나 나는 그를 공경할 것이다.

مَنْ قَالَ ذَلِكَ كَذَبَ.

누구든지 그렇게 말하는 사람은 거짓말을 하는 것이다.

5) مَهْمَا (~은 무엇이든)

مَهْمَا قُلْتَ لِي أُصَدِّقُكَ.

당신이 무엇을 말하든지 간에 나는 당신을 믿는다.

مَهْمَا تَفْعَلُوا يَعْلَمُهُ اللهُ.

당신이 무엇을 하든지 간에 하나님은 그것을 알고 있다.

6) 이외에 조건사로는 مَتَى (언제든), أَيّ (어느 것), حَيْثُمَا (어디든) 등이 있다.

مَتَى مَا رَأَيْتُهُ وَجَدْتَهُ يَلْبَسُ الْبَيَاضَ.

네가 그를 볼때는 언제든 그가 흰옷을 입고 있는 것을 알게 될 것이다.

أَيُّ رَجُلٍ تَسْتَمِعُ إِلَيْهِ تَسْمَعُ نَفْسَ الْكَلِمَاتِ.

네가 어느 사람에게서 듣든 너는 같은 말을 듣게 될 것이다.

حَيْثُمَا ذَهَبْتَ رَافَقْتُكَ.

네가 어디를 가든 나는 너와 함께 갈 것이다.

1 아래 문장을 해석하시오.

(1) اذا كان لديَّ قدرة, يساعدك.

(2) لو بذل جهودا كبيرة في الدَّراسة لحصل على شهادتها منذ سنتَين.

(3) لو كُنتُ رئيسا للجمهورية لحسَّنت الأوضاع الاقتصادية في مدة قصيرة.

(4) إن تذهب لزيارة اليابان أذهب معك.

(5) إن لم تقم بواجبك فلن أحترمك.

2 아래의 보기에서 적당한 단어를 골라 문장을 완성하시오.

보 기

مهما, اذا, إن, لو, من

(1) (　　) قرَّر دراسة العربية فلن يندم.

(2) (　　) كان لديَّ وقت أزورك.

(3) (　　) تفعلوا يعلمه الله.

(4) (　　) يسرق يعاقب.

(5) (　　) كنت غنيًا لوزعت مالي على الفقراء.

3 아래 문장을 아랍어로 작문하시오.

(1) 내가 만일 새라면, 너에게 갈텐데

(2) 네가 열심히 일했다면, 사장이 되었을 것이다.

(3) 무함마드가 간다면, 나도 그와 함께 갈 것이다.

(4) 네가 선생님을 만나면, 내 상황을 알려드려라.

(5) 만약 네가 공부를 한다면, 너는 그 시험에 합격할 것이다.

4 ل - لو, إن, اذا, من, مهما 등을 이용하여 5개의 조건문을 만드시오.

أَكْرَمَ	공경하다	قَابَلَ	만나다
سَمَحَ	허용하다	مَكَانَة	입장
أَجَّلَ	연기하다	اجْتِمَاع	모임
إِنْسَانٌ	인간	مُخْلِصٌ	성실한
مُسَاوِية	평등	رَئِيسُ الْبَلَدِيَّةِ	시장
تَطَوُّرٌ	발전	مُجْتَمَعٌ	사회
كَذَبَ	거짓말했다	بَيَاضٌ	흰색
كَلِمَاتٌ	말(كَلِمَة 복수형)	رَافَقَ	동행하다
لَدَيَّ	나에게 ~이 있다	قُدْرَةٌ	능력

결혼과 이혼

1) 결혼

이슬람에서 혼인은 하나의 합의 계약이다. 부부 관계를 맺는다는 것은 두 사람에 의한 동일한 의사 선언이 결합된 결과이다. 이 때 2명의 증인이 있어야 한다.

대부분의 무슬림 국가에서 결혼의 승낙은 자격을 갖춘 공인이 작성한 서면 증거를 요구하고 있다. 그 공인은 일종의 결혼 문제 전문가여야 한다.

이러한 공인 제도는 남편이 남편의 의무를 이행하지 않고서 결혼 자체를 단순히 부정함으로써 이혼할 수 있는 아랍의 불평등한 결혼 제도로부터 여성을 보호하려는 의도다.

아랍의 전통에서는 결혼 당사자가 개인적으로 결혼에 동의한다 하더라도 성인이 (결혼은 16세 이상)아닌 경우는 소녀의 아버지가 딸의 보호자로서 그녀를 대신하여 결혼을 계약할 수 있다.

이슬람의 결혼이 언급될 때마다 일부 다처제 문제가 대두된다. 아랍 사회에서 일부 다처제의 시작은 A.D.7-8세기에 걸친 이슬람 대정복 전쟁 과정에서 남편들의 전사로 전쟁 미망인이 증가하자 이들을 구제, 보호하기 위한 사회 제도로서 시작되었다. 현대에 와서는 사회 경제적 환경으로 일부 다처를 두고 있는 인구는 전체 인구의 1%에도 못 미칠 정도로 이러한 관행이 줄어 들고 있다. 현재 대부분의 아랍 국가들은 코란의 가르침에서 벗어나지 않는 범위에서 법으로 이 제도를 금지시켰다.

결혼식은 적법한 공인의 주재 하에 2명의 증인이 참석하고 일반적으로 다음 단계에 의해 성사된다.

제 1 단계 : 코란 낭송으로 구두 합의에 의한 약혼(khutba)이 성립된다. 이때 손을 다 같이 잡는다.

제 2 단계 : 약혼을 정식으로 체결한다.

제 3 단계 : 혼인 서약에 의해 법적으로 두 사람의 결혼이 이뤄진다.

제 4 단계 : 실질적인 결혼의 완성은 신혼 부부가 신방에 들어 첫날밤을 치르면서 이뤄진다.

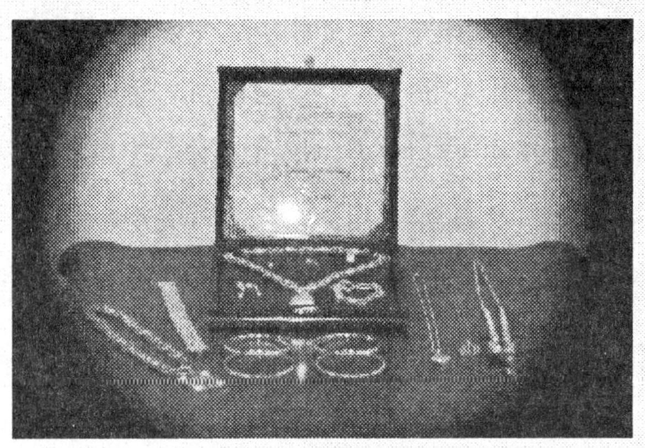

신부의 결혼 예물

결혼식 피로연(farah)이 벌어지는 곳에서는 가족들은 하객들이 앉아서 축하할 수 있도록 천막을 준비한다. 피로연때에는 민속 춤을 추거나 가수를 초대하여 흥을 돋구며 즐긴다. 특히 여성들이 기쁨을 표현하는 소리를 크게 내기도 한다. 입을 열고 혀를 좌우 또는 상하로 돌리며 소리를 내는데, 이것을 자그라다 (zagrada) 또는 자가리드(zaga:ri:d)라고 한다.

자그라다는 실내에서는 주로 신랑의 이모와 고모들이, 실외에서는 이웃의 여자들이 크게 소리를 낸다. 초대 가수나 무용수들은 다소 선정적인 모습을 보이는데 이는 신랑 신부의 첫날 밤의 흥을 돋구기 위한 것이다.

2) 이혼

이혼을 통한 결혼 종결의 선택권은 전통적으로 남성에게 주어 졌지만 오늘날은 여성에게도 선택권을 부여한다. 나라마다 개정된 이슬람법은 특수한 상황에서 여성에게 이혼할 권리를 주었다. 그러나 여성은 이혼의 정당한 사유를 입증하여야 하고 때때로 여성에게 불리한 법 체제와 싸워야 하는 것이 사실이다.

이혼한 여성은 이혼한 날로부터 3개월 이후에 재혼이 허락된다. 그 이유는 전 남편과의 사이에서 임신이 되어 있을 경우를 고려 하기 때문이다.

이혼은 단지 두 번만 허락된다. 이는 남성이 아내와 이혼 후 다시 그녀와 자기 마음대로 재혼할 수 있었던 이슬람 이전의 관행을 없애기 위한 것이다. 만일 남편이 아내와 세 번째로 이혼을 했다면 그녀가 다른 남자와 결혼하여 이혼할 때까지는 원래의 그녀와 재혼할 수 없다.

전통적으로 남편의 이혼 선언은 구두로 이뤄졌었다. 그러나 현대 법에서는 그와 같은 이혼 선언은 자격을 갖은 공인 앞에서 서면 증거를 갖추기 전까지는 효력을 발휘하지 못한다.

여성은 일방적 선언으로 부부 관계를 종식시킬 특권을 갖고 있지 못하다. 여성은 입증할만한 자료를 바탕으로 법원에 이혼을 청구하여야만 한다.

코란에서는 이혼을 하기 전에 양가에서 각각 한 명씩 추천한 2명의 중재인에 의해 화해 시도를 먼저 할 것을 규정하고 있다. 그와 같은 화해 시도가 성공하지 못했을 경우 법원이 발급한 증명서로 이혼이 성립된다.

팔레스타인의 결혼식 풍경

결혼식

① 주요 표현

비한정 대격명사 –

هَطَلَتِ الأَمْطَارُ بَغْتَةً.

حَضَرَ القَائِدُ ظَافِرًا ضَاحِكًا.

부사구, 전치사구 –

رَأَيْتُ الطَّائِرَةَ بَيْنَ السَّحَابِ.

حَضَرَ القَائِدُ بِزِيِّهِ الرَّسْمِيِّ.

명사문, 동사문 –

اِسْتَيْقَظْتُ وَالشَّمْسُ سَاطِعَةٌ.

سَارَ الطِّفْلُ يَبْكِي.

시제의 차이 –

رَجَعَ المُرَاسِلُ إِلَى بَلَدِهِ وَقَدْ تَحَدَّثَ طَوِيلًا مَعَ الرَّئِيسِ.

نَشَرَتِ الكَاتِبَةُ كُتُبًا وَقَدْ سَكَنَتْ سَنَوَاتٍ طَوِيلَةً فِي الشَّرْقِ الأَوْسَطِ.

부정 –

وَصَلَ لَا يَعْرِفُ مَنْ أَنَا.

رَجَعَ وَلَمْ يَحْصُلْ عَلَى شَيْءٍ.

② 문형 해설

아랍어의 상태문은 비한정 대격 명사, 구, 동사문, 명사문 등으로 주어나 목적어의 상태를 구체적으로 나타내는 문장을 말한다. 즉, '~하면서 ~한다' 라는 동시 동작문이다. 이때 구체적으로 설명되는 주어나 목적어를 صَاحِبُ الْحَال 이라 하고, صَاحِبُ الْحَال 은 반드시 한정 명사이어야 한다. 아랍어의 상태문을 구성하는 요소들은 아래와 같다.

1) 비한정 대격 명사

명사가 상태문으로 사용될 때에는 반드시 비한정 대격을 취한다.

هَطَلَتِ الأَمْطَارُ بَغْتَةً.

갑자기 비가 내렸다.

عَادَتِ الطَّائِرَةُ سَالِمَةً.

그 비행기는 안전하게 돌아 왔다.

– 2개의 상태문이 연속해서 오기도 한다.

عَادَ الْقَائِدُ مُنْتَصِرًا ضَاحِكًا.

그 장군은 승리한 채 웃으면서 돌아왔다

2) 부사구, 전치사구

부사구나 전치사구가 상태를 표시하기도 한다.

رَأَيْتُ الطَّائِرَةَ بَيْنَ السَّحَابِ.

나는 구름 사이로 비행기를 보았다.

حَضَرَ الْقَائِدُ بِزَيِّهِ الرَّسْمِيِّ.

장군이 제복을 입고 도착했다.

3) 명사문, 동사문

동사문이 상태를 표시할 때에는 'و +분리 대명사+동사문' 형태로 사용된다. 이때 분리 대명사는 صَاحِبُ الْحَالِ 에 성과 수를 일치한다.

اسْتَيْقَظْتُ وَالشَّمْسُ سَاطِعَةٌ.

태양이 빛나고 있을 때 나는 일어 났다.(명사문)

جَلَسَ الْجَدُّ وَهُوَ يَشْرَبُ الشَّايَ.

할아버지는 차를 마시면서 앉아 계셨다.(동사문)

– 동사문에서 'و +분리 대명사'는 생략 가능하다.

جَلَسَ الْجَدُّ وَهُوَ يَشْرَبُ الشَّايَ.

= جَلَسَ الْجَدُّ يَشْرَبُ الشَّايَ.

4) 상태문의 미완료 동사는 주절의 동사와 동시 상황을 나타 낸다. 그러나 상태문 동사의 행위가 주절의 동사 행위보다 앞선 과거일 때는 상태문의 동사는 'قد +완료형 동사'로 나 타낸다. 이때 해석은 '~하고 나서 ~하다'로 한다.

رَجَعَ الْمُرَاسِلُ إِلَىَ بَلَدِهِ وَقَدْ تَحَدَّثَ طَويلاً مَعَ الرَّئِيس.

그 기자는 대통령과 오랜 대화를 나눈 후에 그의 나라로 돌아 갔다.

نَشَرَتِ الْكَاتِبَةُ كُتُبًا وَقَدْ سَكَنَتْ سَنَوَاتٍ طَويلَةً فِي الشَّرْقِ الأَوْسَطِ.

그 여 작가는 중동에서 오랫동안 머문 후에 책을 발간 했다.

5) 상태문의 부정은 미완료 동사는 'لا +미완료동사', 완료 동
사는 'ولم +단축법' 으로 한다.

وَصَلَ لا يَعْرِفُ مَنْ أَنَا.

그는 나를 모른 채 도착했다.

رَجَعَ ولَمْ يَحْصُلْ عَلى شَيْءٍ.

그는 아무 것도 얻지 못한 채 돌아 갔다.

① 아래 문장을 해석하시오.

(1) تركوا وطنهم فقراء.

(2) قابلتهم وهم مبتسمون.

(3) رأيت القاضي وبين يديه أوراق القضية.

(4) وقف المدرّس يشرح الدَّرس.

(5) وجدته نائما.

② 아래 보기와 같이 두 개의 문장을 하나의 상태문으로 바
꾸시오.

<table><tr><td>보기</td></tr><tr><td>درست ليلى اللغة العربيّة. ليلى طالبة في الجامعة .

← درست ليلى اللغة العربيّة وهي طالبة في الجامعة .</td></tr></table>

(1) كان يكتب قصّة جميلة. هو طالب في الجامعة.

(2) تحدّث عن الوضع السّياسيّ. درس دراسة شاملة.

(3) درست اللغة العربية. أنا ساكن في مدينة بوسان.

(4) خرجت من المكتب. بيده جريدة.

(5) صادق أحمد طلابا كثيرين. أحمد أستاذ في الجامعة.

③ 아래 문장을 아랍어로 작문하시오.

(1) 나의 형은 웃으면서 집에서 나갔다.

(2) 아버지는 과일을 사서 집으로 오셨다.

(3) 나는 상품을 포장해서 보냈다.

(4) 그는 직장을 구하지 못하고서 대학을 졸업했다.

(5) 미 국무 장관은 미국 대통령의 편지를 가지고서 한국에 왔
다.

④ 상태의 표현에 관한 5개의 문장을 만드시오.

④ 주요 단어

هَطَلَ	(비가) 내리다	أَمْطَارٌ	비(복수형)
بَغْتَةً	갑자기	قَائِدٌ	장군
ظَافِرٌ	승리한	ضَاحِكٌ	웃으면서
سَحَابٌ	구름	زَيٌّ	옷
اسْتَيْقَظْتُ	나는 (잠에서)깼다	سَاطِعَة	빛나는
يَبْكِي	그는 운다	مُرَاسِلٌ	기자
سَالِمَة	안전하게	مُنْتَصِرٌ	승리한
جَدٌّ	할아버지	مُبْتَسِمٌ	미소지으며
قَاضِي	재판관	أَوْرَاقَ	서류(복수형)
قَضِيَّة	소송	نَائِمٌ	자고 있는
قِصَّة	소설	صَادَقَ	친구를 사귀다

이슬람의 여성

1) 여성의 지위

이슬람은 남녀평등사상을 바탕으로 남녀의 권리와 의무를 확립하여 여성의 가정과 사회적 지위를 크게 향상시켰다. 특히 코란은 이슬람 이전시대 남성만이 누려왔던 관습과 전통을 모두 타파하고 과거 여성에게 가해진 비난으로 부터 여성을 보호하며 여성을 남성과 동등하게 대우하였다. 구체적으로 여자 아이의 출생을 비관하고 비탄에 빠지는 사회적 풍조를 비난했다. 또한 여자아이를 생매장하는 습관을 금지했다. 여성을 어머니로서 아내로서 딸의 역할을 인정하고 존경하였다. 여성도 남성처럼, 돈과 재산을 모을 수 있으며 필요하면 어떤 직업이라도 가질 수 있게 하였다. 남편이라도 부인의 허락없이는 부인의 재산에 절대로 개입하지 못하게 했다. 여성에게 유산 상속권을 주어, 부모와 가까운 친척이 남긴 재산은 여성에게 귀속된다.

코란은 남성에게 절대적으로 유리한 이혼문제를 정립하였다. 아랍의 남성들은 이혼을 쉽게 표명할 수 있었으나, 코란은 이러한 남편의 독단과 부당성을 제한했고, 일부다처제하에서도 아내의 수를 4명으로 제한하였으며, 이와 관련된 엄격한 조건을 제시했다.

위와 같이 이슬람은 여성을 인간적인 면, 사회적인 면, 그리고 권리 면에서 보호하고 여성의 지위를 향상시켰다.

2) 여성의 베일(히잡)

코란에서는 무함마드의 부인에게만 베일을 쓰도록 요구했는데 이것이 후에 모든 무슬림 여성들에게 일반화되었다고 보는 학자들이 있다.

코란에서 여성들에게 요구하고 있는 것은 여성들이 외출시에는 품위 있는 의상을 갖추어야 하며 가슴을 가려야 한다는 점이다. 자기의 아버지와 남자 형제 그리고 남편의 아버지와 남편 형제들 앞에서는 좀더 편안한 차림이 허용되었지만 대중앞에서는 정숙함이 나타나야 한다.

무슬림 여성은 외양 바로 그 자체가 좋은 평판을 갖고 있지 못한 여성들과는 구별되도록 옷차림을 해야 한다.

하렘제도와 베일이 채택된 것은 이슬람력 2세기에 이르러서 였다. 처음에는 하나의 신분의 상징으로 권력을 가진 자들과 상류층에서 시작되었으나, 점차 일반 서민층에까지 이 제도가 확산되었다.

이 제도는 아랍인들이 정복을 통하여 접촉하게 된 비잔틴과 페르시아 관습의 영향을 받아 발전된 것이다. 따라서 하렘과 베일은 아랍 · 이슬람 전통과는 거리가 있다.

또한 이와 같은 관습은 이슬람 사회에만 특이하게 존재하는 것이 아니다. 이슬람 이전의 비잔틴 제국과 페르시아 이외에도 베일 쓰기와 여성 격리는 인도에도 있었다.

따라서 무슬림 세계의 관습과 제도가 이슬람에 의해 모두 결정된다는 생각은 잘못이다. 현대 아랍세계에서 여성의 지위가 열악한 것은 사회 · 경제적 상황의 낙후성으로 인한 결과일 뿐이라고 아랍학자들은 주장한다.

히잡을 쓴 여인

히잡을 쓴 여인들

1 주요 표현

- مَا أَقْعَلَ

مَا أَجْمَلَ البِنتَ!

مَا أَقْصَرَنِي!

- أَقْعِلْ بِهِ.

أَكْثِرْ بِزِيَارَاتِكَ لِي!

أَنْعِمْ بِالأَصْدِقَاء الأَوْفِيَاء!

- مَا أَجْمَلَ السَّمَاءَ وَأَطْوَلَهَا!

- مَا أَجْمَلَ خَالِدًا وَأَكْرَمَهُ.

- يَا لَ- مِنْ

يَا لَهَا مِنْ بِنتٍ جَمِيلَةٍ!

يَا لَهُمْ مِنْ تَلامِيذَ مُجْتَهِدِينَ!

- كَمْ كَانَ فَرَحِي عَظِيمًا لِرُؤْيَتِكَ!

② 문형 해설

1) 아랍어에서 감탄(تَعَجُّبْ)을 표현하는 방법은 ‘ مَا + أَفْعَلَ + 대격명사(또는 연계 대명사)’ 형태와 ‘ مَا أَفْعِلْ بِهِ ’ 형태가 함께 사용된다. ‘ مَا أَفْعِلْ بِهِ ’ 형태는 ‘ مَا + أَفْعَلَ + 대격명사(또는 연계 대명사)’ 형태에 비해 드물게 사용되며, 고대 시나 꾸란에서 주로 사용되었다. 이때 ‘ أَفْعَلَ ’ 의 형태는 명사의 성과 수의 영향을 받지 않는다.

مَا أَجْمَلَ الْبِنْتَ!

= مَا أَجْمِلْ بِالْبِنْتِ!

그 소녀는 얼마나 예쁜지!

مَا أَقْصَرَنِي!

= مَا أَقْصِرْ بِي!

나는 얼마나 키가 작은지!

– 과거나 미래의 감탄은 ‘ كَانَ ’ 동사를 이용하여 표현한다.

مَا كَانَتْ أَبْعَدَ سِيُول!

서울은 얼마나 멀었는지!

مَا يَكُونُ أَقْصَرَ الْقَمَرَ فِي الْمُسْتَقْبَلِ!

달은 미래에 얼마나 가까워질 것인지!

– 감탄의 대상이 한가지이며, 감탄 동사가 2개 이상일 경우, 2번째 감탄 동사에는 연계 대명사를 사용한다.

$$ مَا أَجْمَلَ السَّمَاءَ وَأَطْوَلَهَا! $$

하늘은 얼마나 아름답고 높은지!

$$ مَا أَجْمَلَ خَالِدًا وَأَكْرَمَهُ! $$

칼리드는 얼마나 잘생기고 친절한지!

2) يَا لَ - مِنْ

이 형태는 호격사와 감탄의 대상과 일치하는 연계형 대명사를 이끌 'لِ', 감탄의 대상을 이끌 'مِنْ' 의 결합 형태다.

$$ يَا لَهَا مِنْ بِنْتٍ جَمِيلَةٍ! $$

그 집은 얼마나 예쁜지!

$$ يَا لَهُمْ مِنْ تَلَامِيذَ مُجْتَهِدِينَ! $$

그들은 얼마나 부지런한 학생들인지!

— 'مَا أَفْعَلَ' 형과의 차이는, 'مَا أَفْعَلَ' 형은 감탄 대상이 항상 한정 명사인데 비하여, 'يَا لَ - مِنْ' 형은 감탄 대상이 비한정 명사라는 점에서 차이가 있다.

3) 'كَمْ' 이 감탄사로 사용되기도 한다.

$$ كَمْ كَانَ فَرَحِي عَظِيمًا لِرُؤْيَتِكَ! $$

내가 너를 만나서 얼마나 기쁜지!

③ 연습 문제

1 아래 문장을 해석하시오.

(1) ما أجمل الوردة!

(2) ما أحسن به!

(3) ما أجمل بالسماء!

(4) ما كان أشجع الجند!

(5) يا لها من قمر جميلة!

2 아래의 보기와 같이 평서문을 감탄문으로 만드시오.

보기

ما أسهل الدرس الجديد! ← الدرس الجديد سهل.

(1) الرجل كريم.

(2) النهر طويل.

(3) الشاعر مشهور في العالم العربي.

(4) بيتي كبير.

(5) هذا الكلب قبيح.

3 아래 문장을 아랍어로 작문하시오.

(1) 파티마는 얼마나 부자인지!

(2) 자애로운 하나님의 이름으로!

(3) 나의 정원은 얼마나 넓고 아름다운지!

(4) 너의 취직이 얼마나 나를 기쁘게 했는지!

(5) 한국이 가을은 얼마나 아름다운지!

4 감탄의 표현에 관한 5개의 문장을 만드시오.

④ 주요 단어

أَصْدِقَاءُ	친구(صَدِيقٌ 의 복수형)		
تَلامِيذُ	학생(تِلْمِيذٌ 의 복수형)		
أَوْفِيَاءُ	믿을 수 있는(وَفِى 의 복수형)		
قَمَرٌ	달	مُسْتَقْبَلٌ	미래
سَمَاءٌ	해	رَائِعَةٌ	아름다운
وَرْدَةٌ	장미	جُنْدٌ	군대
نَهْرٌ	강	شَاعِرٌ	시인
طَقْسٌ	날씨	مَشْهُورٌ	유명한
قَبِيحٌ	못생긴	أَشْجَعَ	용감하다
كَلْبٌ	개	رُؤْيَةٌ	만남, 봄

아랍인의 금기 사항

아랍 사회의 금기 사항은 거의 이슬람 교리에 따른 것들이기 때문에 이슬람을 믿지 않는 외국인들이 당황하는 경우가 많다. 주요 금기 사항은 아래와 같다.

1) 술과 도박

술은 모든 악의 모체이며, 술과 도박은 큰 죄악으로써 이성을 잃게 하고 대중의 평화를 혼란스럽게 한다. 술은 인간의 정신과 육체, 그리고 신앙과 생활을 해친다. 이슬람은 음주로 인한 유익보다는 그 해독을 중요시 한다. 또한 고리 대금, 부당한 이윤, 불로소득, 복권, 이자 놀이 등은 악마가 하는 짓이고 불결한 행위로 간주한다.

2) 마약

정신을 흐리게 하기 때문에 금지된다. 마약 뿐만 아니라 인간의 정신에 영향을 주는 모든 약물도 금지된다.

3) 돼지 고기

돼지 고기나 짐승의 피를 재료로 한 음식은 먹지 않으며, 이슬람식으로 (즉 하나님의 이름으로) 도살하지 않은 고기도 먹지 않는다. 돼지 고기를 금식시키는 이유는 위생학적인 면과 인품의 순결을 지키도록 하기 위한 조처이다. 돼지는 성질이 게으르고 거의 무엇이던 닥치는 데로 먹어 치우며, 모든 육류 중에서 해로운 병균을 보유하고 있어 질병의 매개체로 생각한다. 이슬람에서는 깨끗한 고기를 먹도록 가르치고 있기 때문에 돼지고기가 식용에 적합하지도 않다. 또한 이슬람이 무슬림들에게 청결을 강조하는 점에 비추어도 돼지 사육은 이에 위배되는 것이다. 더욱이 중동의 기후는 대부분 덥기 때문에 돼지고기는 쉽게 부패하여 음식 수급에도 문제가 된다.

4) 이슬람이나 코란, 무함마드를 비난해서는 안 된다. 특히 성전인 코란은 소중히 다루어야 한다. 코란 위에 다른 물건을 놓아서도 안되며 더럽혀서도 안된다. 독실한 무슬림들은 거실 중앙에 코란을 잘 모셔두었다가 코란 위에 손을 얹고 어떤 일을 맹세할 경우 등에 사용한다.

5) 무슬림이 그들의 5대 의무를 행할 시, 특히 예배나 단식 중 큰 소리를 지르거나 방해하는 좋지 않은 행동을 보여서는 안 된다.

6) 남녀 모두 반바지 차림이나 노출이 심한 옷을 입지 않는 것이 좋다. 또한 남녀 관계에 대한 이해가 달라 아랍 여성을 희롱하는 것은 매우 불쾌한 일이라고 생각함으로 절대 금해야 한다.

7) 왼손으로 음식을 먹거나, 악수하든지 물건을 건네 받아서는 안 된다.

8) 엉덩이를 만지는 것은 좋지 않다. 동성 연애의 의사 표시라고 보아도 무방하다. 이슬람은 동성 연애와 자위 행위를 금지한다.

9) 남성이 비단 옷을 입는 것은 삼가는 것이 좋다. 전통적으로 비단 등 부드러운 옷감은 여성들이 사용한다. 특히 빨강, 노랑 등 원색은 여자들이 입

는 것으로 생각한다. 또한 중동의 기후가 더워 땀이 많이 나오기 때문에 비단은 대체적으로 입지 않는다.

10) 코란은 살인, 도둑질, 기타 다른 범죄에 대해 가혹한 처벌을 규정하고 있다. 무슬림들에게 가장 큰 죄악은 부모 불복종, 우상 숭배, 살인, 간통, 고아 재산 갈취, 고리대금업, 성전에서의 탈주 등이다.

11) 무슬림들은 전통적으로 어떤 형태를 조각하는 것을 좋아하지 않는다. 생명체의 조각이나 예술적 표현은 신만이 할수 있는 일이라고 생각하기 때문이다.

مَا أَحْسَنَ هَذِهِ السَّيَّارَةَ!

V 아랍어의 인사말

레바논의 아르즈

아랍인들의 인사는 "당신이 인사를 받으면 그 보다 더 좋은 말로 대답하라" (꾸란 4장 86절)는 꾸란의 구절에 근거하고 있다. 따라서 아랍인들은 인사를 받으면 대게는 인사의 표현과 같거나 더 긴 인사를 한다.

또한, 아랍인들은 인사에 적극적으로 답하는 것을 큰 미덕으로 여긴다. 따라서 상대방의 첫 인사에 답을 하지 않거나 소극적으로 임하는 것은 결례로 간주될 수 있다. 인사할 때 밝은 표정을 유지하는 것도 중요하다.

인사말에서 ﷲ 가 자주 언급되는 것은 인간 만사를 신이 지배한다는 중동인들의 정명론적인 인식에 그 뿌리가 있다. 인간의 삶은 신의 의지의 반영이므로 신에 대한 언급은 아랍인들의 인사 예절에서 필수적인 요소다.

1 아랍 사회의 인사와 순서

아랍인들은 아는 사람 사이에서 뿐만 아니라, 처음 만나는 이방인에게도 인사를 한다. 서로 아는 사이에 인사를 나누는 것은 당연한 것이지만, 모르는 사람 사이의 인사도 자신이 상대에게 적대감을 품지 않아서 안전하다는 사실을 표시하기 위해 옛부터 중시되어 왔다. 인사의 중요성은 유목 사회의 특성을 고려해 볼 때, 쉽게 이해할 수 있는데, 사막을 지나 멀리서 찾아온 손님과 인사를 나눈 후에 정착민(주민)이 나그네를 손님으로 맞아 들이는 것이 베드윈의 풍습이다.

오늘날 도시 생활에서도 이런 원칙은 잘 지켜지고 있다. 하디스에서는 인사를 중요한 덕목으로 가르치고 있는데 "말을 하기 전에 인사하라", "그 누구라도 인사를 할 때 까지는 식사에 초대하지 말라"는 말에서도 인사의 중요성을 엿볼 수 있다.

익숙하지 않은 아랍식 인사를 할 때에 긴장으로 인해 미소를 잃거나 목소리가 굳어지는 경우가 있는데 긴장을 풀고 최대한 호의적인 자세를 취한다. 이때 음성도 도전적이거나 조소하는 듯한 억양을 내지 않도록 주의한다.

아랍어 인사말은 같은 표현이라도 어말의 억양에 따라 또는 말의 길이에 따라 다르게 이해될 수 있다. 예를 들어 "صـــحَتين"라는 표현은 억양을 내리면 '잘 드십시오' 라는 뜻이지만, 억양을 올리면 비아냥거리는 의미로 들릴 수 있기 때문이다.

- 어른에게 먼저한다.
- 소수가 다수에게 (오른쪽에서 왼쪽으로) 한다.
- 식사중 일 때는 인사말만 한다. 이때는 좌장이나 연장자가 인사를 받는다.
- 강자가 약자에게, 총을 가진 이가 칼을 가진 이에게 한다.
- 기동력이 좋은 자가 느린 자에게 (말 탄 이가 당나귀 탄 자에게, 타고 있는 이가 걷고 있는 이에게, 걷고 있는 이가 앉아 있는 이에게, 내려가는 이가 올라가는 이에게 등)
- 남자가 여자에게 한다. (여자는 간단히 답례만 하면 된다)
- 여자가 먼저 인사를 하거나 필요 이상의 인사를 하면 정숙하지 못한 여자로 오해 받을 수 있다.

1) 건강과 장수의 기원

- 건강하세요.

  • قوّاك

- 건강하세요.

  • قوّاك الله •— الله يقوّيك

- 건강하세요.

  • قوّاك كيف حالك — الحمد لله

- 건강하세요.

  • يعطيك العافية — الله يعافيك

- 장수하시길 기원합니다.

  • ألعوافي ويطوّل عمرك

2) 식사할 때의 인사말

- 식사를 시작할 때

  • بسم اللهَ.

- 음식을 권하는 사람에게

  • تسلم يدك.

- 식사 후 손님의 감사 표현

  • الحمد لله , دائماً(إن شاء الله بالأفراح)

- 주인의 대답

  • إن شاء الله

- 식사 대접 후 주인의 인사

  • هننيئاً(مرينّاً)

- 손님의 답변

  • هنّئك الله , الله يهنّؤك

- 식사 중의 표현

• صحّة وعافية(صحّتين وعافية)

- 대답

• شكرًا

3) 헤어질 때의 인사말

- 안녕히 가세요.
  (하나님의 보호아래).

• السلام عليكم(أو في أمان الله) •

- 안녕.

• مع السلامة

- 또 만나요.

• إلى اللقاء

- 내일 봅시다.

• أراك غدًا

- 또 봅시다.(방언)

• شوفك

- 또 봅시다.(방언)

• نشوفك على خير

- 실례하겠습니다.(먼저 일어날 때)

• عن إذنكم (أو بخاطِرَكم)

• تصبح على خير ــ وأنت من أهلِهِ(إجاب)

- 잠자리에 들 때의 인사

- 안부 전해주세요.

• الله يسلمك, يسلم عليك

• شفاك الله.

  – 하나님께서 당신을 치료해 주기를.

• عفاك الله.

  – 하나님께서 당신을 건강하게 해 주기를.

• سلّمك الله --- الله يُشْقيك.

  – 하나님께서 당신에게 평안을 주기를.

• الله يُعافيك.

  – 하나님께서 당신에게 평안을 주기를.

• الله يُسلّمك.

  – 하나님께서 당신에게 평안을 주기를.

• سلامتك.

  – 하나님께서 당신에게 평안을 주기를.

• سلامته.

  – 하나님께서 당신에게 평안을 주기를.

• سلامات قلبك.

  – 하나님께서 당신에게 평안을 주기를.
  (특히, 심장병환자나 상사병에 걸린 사람에게)

5) 조문시의 인사말

• المعزي : أعظم الله أجركم.

  – 조문객 : 고인의 명복을 빕니다.

• المعزي : (أسفين) البقية في حياتك.

  – 조문객 : 고인의 명복을 빕니다.

6) 여행과 관련된 인사말

- 여행을 떠나는 사람에게

즐겁고 재미있는 여행이 되기를 빕니다.

- رحلة سعيدة ووقتا ممتعا.

당신에게 행운이 있기를 빕니다.

- أتمنى لك التَّوفيق.

- 여행을 다녀온 사람에게

- الحمد لله على السلامة.

7) 간단한 에티켓 표현들

- 고마울께 있나요. 당연하죠.

- لا شكرا على واجبي

- 물론입니다.

- بكلَ سرور

- 감사합니다. 덕분에요.

- الحمد لله

- 축하 드립니다.

- مبروك

- 놀랍군요!

- ما شاءالله

الله معك	– 알라께서 함께 하시길!
تصبح على خير	– 안녕히 주무세요(먼저 말을 건네는 사람)
وأنت من أهله	– 당신도 안녕히 주무세요(대답하는 사람)
الحمد لله	– 재채기를 한 사람이 하는 말
يرحمك الله	– 재채기하는 사람의 옆에 있는 사람의 화답 표현
إن شاء الله	– 신(알라)의 뜻이라면
يا خسارة	– 그것 안됐군요.
أسف	– 미안합니다.

VI 아랍어 서간문의 표현

카이로 국립 박물관

1) 날짜

서양력과 이슬람력이 함께 사용되고 있다.

일, 월, 연도 순으로 왼쪽에서 오른쪽으로 쓰고 사선이나 대쉬(—)를 그 사이에 둔다. 이때 서기력은 'م' 을, 이슬람력은 'ه' 로 표시한다.

예 A.D. 1995. 9. 24 م ١٩٩٥\٩\٢٤

헤지라1345. 8. 25 ه ١٣٤٥\٨\٢٥

또는 달을 아랍어로 표기 하기도 한다.

예 A.D. 1995. 9. 24. ٢٤ سبتمبر ١٩٩٥ م

이때 주의할 점은 연도, 월, 일 사이에 점(.)을 찍어서는 안된다. (혼돈의 우려가 있음)

2) 편지의 서두

일반적으로 받을 사람의 이름으로 시작한다.

사랑(친애)하는 ———에게

عزيزي

사랑하는 나의 형제에게

أخي العزيزي

나의 사랑하는 아버지에게

والدي العزيز

나의 사랑하는 친구에게

صديقي العزيز

나의 사랑하는 아들에게

ولدي العزيز

나의 사랑하는 사촌에게

إبن عَمى (إبن خالى) العزيز

나의 사랑하는 누이에게

أختي (شقيقتي) العزيزة

3) 편지의 인사말

문안드립니다.

تَحِيَّةً وَبَعْدُ

문안과 인사를 드립니다.

تَحِيَّةً وَسَلاماً

축복의 인사를 드립니다.

تَحِيَّةً طَيِّبَةً مُبارَكَة

진심에서 우러 나오는 인사를 드립니다.

أطْيَبُ التَّحِيَّات وَبَعْدُ

우정과 형제애로 인사드립니다.

تَحِيَّةُ الوَدَّ وَاَلأَخاء

평화와 하나님의 자비가 함께 하길 빌며

السَّلامُ عَلَيْكُمْ وَرَحْمَةُ اللهِ

4) 끝맺는 인사말

당신과 가족의 행복을 빌며

مع أطيب تمنياتنا لكم ولأسرتك

나의 입맞춤과 사랑을 보내며

مع قبلاتي وحبّي

다음 편지에서 만날때 까지

والى للقاء في الرسالة القادمة

모든 가족과 친구들에게 내 안부를 전해 주길 바라며

بلغ تحياتي الى جميع الأهل والأصدقاء

그럼 이만

والسلام

평화와 하나님의 자비와 축복이 함께 하시길 바라며

السَّلام عليكم ورحمة الله وبركاته.

당신의 친구가 무사하길 바라며

و أسلم لصديقك

끝으로 내 사랑과 진심을 받아 주길 바라며

وفي الختام تقبّل محبّتي والإخلصي

하나님이 당신을 지켜주고 보호해 주길 빌며

والله يحفظك ويزعاك

5) 편지 맺음말

상대에 따라 적당한 표현을 쓰고 ‘المخلص 를 함께 쓴다

사랑하는 남편이   زوجك المخلص(المحّب)

사랑하는엄마가   والدتك الحنونة

사랑하는 이가   حبيبك(حبيبتك)

보고싶은 형이   أخوك المشتاق

아들이   ولدكم

6) 서명

편지 끝 맺음말 아래에 편지 보내는 이의 서명을 한다.

2 공식편지

1) 날짜

개인간의 편지와 동일

2) 서두

받은 사람의 직책이나 신분에 맞게 적절하게 쓴다.

~ 씨	السَّيِد . السَّيِدة
교수, 교사, 변호사, 문인 등	الأستاذ
박사	الدَّكتور , الدَّكتورة
정부 고위 관료, 대사	صاحب السَّعادة , سعادة
무슬림 종교인	فضيلة , الشيخ
국무위원	معالي , صاحب معالي
이집트 대통령, 대사	سيادة
대통령, 수상 등	فخامة , صاحب الفخامة
왕족	صاحب السمو , سمو
왕 또는 여왕	جلالة

또한 존경의 표시로서 위의 호칭 앞에 '**حضرة**'를 그 앞에 쓰기도 한다.

다 سيد , استاذ , دكتور , سعادة , معالي **المكرم** 은 또는 **محترم** 다음 음에 쓸 수 있고, المعظم 은 فخامة , سيِادة , جلالة , سمو 다음 에 쓸 수 있다.

3) 인사말

문안드리며	تحيّة وبعد
문안과 존경을 표하며	تحيّة وإحتراماً
평화와 하나님의 자비가 함께 하길 빌며	السَلام عليكم ورحمة الله
자, 그러면 (각설하고)	أمَا بعد

4) 용건

편지 내용

5) 끝맺는 인사

존경을 받아 주시길	وأقبلوا الاحترام
충심의 존경을 받아 주시길	وتفضّلوا بقبول فائق الاحترام

나의 존경과 감사를 드리며

مع الاحترام والتقدير مع احترامي وتقديري

나의 충심의 존경을 드리며

مع فائق الاحترام

평화와 하나님의 자비와 축복이 함께 하시길

السلام عليكم ورحمة الله وبركاته

그럼 이만

والسلام

6) 서명과 발신인의 직함 표기

서명을 하고 그 밑에 발신인의 직함과 주소를 적는다.

카이로 국립 박물관 내부

카이로 국립 박물관 입구의 스핑크스

رسالة تهنئة عند ولادة طفل

عزيزي أحمد

تَحِيَّةً طَيِّبَةً مُبارَكَةً.

سررت للغاية عندما بلغني أن الله انعم عليك بابن (أوبإبنة) وبإنك أصبحت الآن أبا يكنى باسم طفله البكر.

لقد لبى الله سبحانه وتعالى صلواتك ورزقك بابن (أو بإبنة) يملأ (تملأ) عليكم انت وزوزتك المصون حياتكما سعادة وبهجة.

أقدم التهاني القلبية لك وزوزتك المصون وإلى كافة أفراد عائلتك الكريمة راجيّا من المولى عز وجل أن ينعم على المولود بالصحة والحياة الطّويلة.

مع أطيب تمنياتنا لكم ولأسرتك

المخلص علي

신생아 탄생 축하 편지

친애하는 아흐마드에게

축복의 인사를 전한다

네가 한 아이의 아버지가 되었다는 소식을 듣고 나는 기뻤다. 이제 우리는 너를 '○○의 아버지' 라고 부를 수 있게 되었다.

하나님이 너의 기도에 응답하셨고, 너에게 아이로서 축복을 베푸셨구나. 그 아이는 틀림없이 너희 부부의 사랑하에 너의 가족을 기쁨으로 충만하게 할거야.

나는 너와 너의 부인에게 진심어린 축복으로 보내고, 아이가 건강하고 오래 살기를 바란다.

너와 너의 가족의 행복을 빌며

알리.

رسالة إلى رئيس بلدية بيروت حول إصلاح طريق

حضرة رئيس مجلس بلدية بيروت المحترم

بعد تحية والاحترام

نود أن نلفت انتباهكم الكريم إلى أن شارع العسيلي منطقة الرميل حيث نقطن قد تعرض لأضرار كبيرة نتيجة سير الشاحنات الثقيلة عليه وأحدثت في طبقة الرصف تشققات وثقوب عميقة.

من المؤكد أن أناس كثيرون من سكان هذا الشارع يضمون أصواتهم إلينا في طلب تنفيذ إصلاحات عاجلة للشارع قبل حلول فصل الشتاء.

نشكركم سلفا على حسن تعاونكم واهتمامكم الفوري بهذا المسألة ونقدم لكم خالص التحية والاحترام.

المخلص ممثل السّكان في شارع العسيلي.

도로 보수와 관련하여 베이루트 시장에게 보내는 편지

존경하는 베이루트 시장님

우리는 우리가 살고 있는 라밀 지역 아실리 거리의 보수에 귀하께서 관심을 가져 주시길 바랍니다. 이 도로는 무거운 트럭들로 인해 심각한 손상을 입고 있습니다. 우리는 아스팔트의 파괴 등을 포함한 도로의 손상으로 인해 많은 어려움을 겪고 있습니다.

이 거리의 많은 시민들도 겨울이 오기 전에 이 거리의 긴급한 보수에 동의하고 있습니다.

이 문제의 해결과 관련하여 시장님의 협조와 관심에 감사드립니다.

아실리 거리 주민 대표.

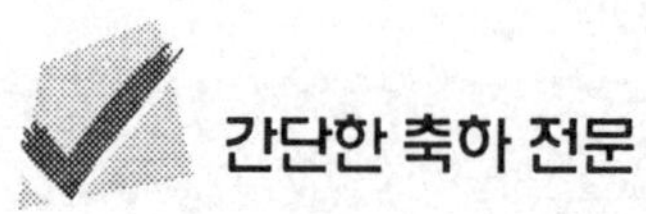

간단한 축하 전문

1. 축복 받은 명절이 되시길.

عيد مبارك

2. 즐거운 성탄절과 복된 새해가 되시길.

ميلاد سعيد وعام مجيد

3. 매년 평안하시길.(명절 인사)

كل عام وأنتم بخير

4. 즐거운 명절을 맞이하여 충심으로 축하 드립니다.

التهانى الحارة بالعيد السعيد

5. 시험 합격에 충심으로 축하 드립니다.

التهانى الحارة بنجاحك فى الامتحان

6. 즐겁고 편안한 여행이 되시길 바랍니다.

سفرا سعيدا ميمونا

7. 행복한 결혼으로 번창하시길 바랍니다.

زواجا سعيدا وبالرفاه والبنين

8. 퇴원한 것을 축하 드립니다. 오래 사세요.

خروجك من المستشفى أسعد قلبي . أتمنى لك العمر

المديد

Ⅶ 속담과 격언

이집트 책 박람회

1. 가난은 치욕이 아니라 불편할 뿐이다.

– الفقر مؤلم ولكنه ليس عيبا.

2. 가는 말이 고와야 오는 말이 곱다.

– الحبّ يُولد حبًا.

3. 가재는 게편이다.

– الطّيور المتشابهة الريش تتألف معا.

4. 개구리 올챙이 적 생각못한다.

– أطلق شحاذا على صهوة جواد وسيذهب إلى الشّيطان.

5. 게으름은 가난의 지름길이다.

– الكسل مفتاح التّسوّل.

6. 견물생심.

– الفرصة المهيّأة تخلق اللصّ.

7. 경험은 지혜의 어머니다.

– التّجربة امّ الحكمة.

8. 공든 탑이 무너지랴.

– العمل الجاد لا يُبدّل الأجساد.

9. 과부 사정은 과부가 안다.

– الكلب لا يأكل كلبا.

10. 구르는 돌에는 이끼가 끼지 않는다.

- الحجر المتدحرج لا يجمع خشيشا.

11. 궁하면 통한다.

- الحاجة امّ الإختراع.

12. 귀한 자식 매로 키워라.

- وقر العصا تفسد الولد.

13. 근묵자흑.

- صحبة السوء تفسد الاخلاق سوء الخلق يعجي.

14. 긁어 부스럼.

- لا توقظ الكلاب النائمة.

15. 금강산도 식후경.

- الكيس الخالي لا يثبت على الأرض.

16. 급할 수록 돌아가라.

- عجلة أكثر, سرعة أقلَ.

17. 급히 먹는 밥에 목이 멘다.

- في العجلة الخسارة.

18. 김칫국부터 마시지 마라.

- اقتنص الأرنبة أولاً.

19. 나무에서 물고기 구하기.

ـ لا يستطيع استخراج الدم من الحجر.

20. 낙숫물이 댓돌을 뚫는다.

ـ المشابرة تقهر الصعاب كما نُفتّت قطرات تاماء الهضاب.

21. 남의 떡이 커보인다.

ـ العشب أكثر اخضرارا على الجانب الأخر من السّياج.

22. 남이 무어라 하든 자기 할일만 하면 된다.

ـ الكلاب تنبح, القافلة تسير.

23. 낮 말은 새가 듣고 밤 말은 쥐가 듣는다.

ـ للحقول عيون, للسّياح آذان.

24. 너 자신을 알라.

ـ اعرف نفسك.

25. 눈에는 눈.

ـ العين بالعين.

26. 눈에서 멀어지면 마음에서도 멀어 진다.

ـ من بعد عن العين, بعد عن الخاطر.

27. 당신 스스로가 친구가 되어 주라. 그러면 다른 사람도 당신의
친구가 될 것이다.

كن صديق نفسك , يكن الناس لك أصدقاء. ـ

28. 돌다리도 두드려 보고 건너라.

انظر قبل أن تشبّ. ـ

29. 똥 묻은 개가 겨 묻은 개 나무란다.

تعيّر القدر الابريق بالسّواد.

30. 로마는 하루 아침에 만들어진 것이 아니다.

لم تبن روما في يوم واحد. ـ

31. 말이 많으면 쓸 말이 적다.

أقلّ كلام, أسرع في الصّلاح. ـ

32. 먼동이 트기 직전이 가장 어둡다.

أحلك الساعة هي التي تسبق الفجر. ـ

33. 먼 사촌 보다 가까운 이웃이 낫다.

دار الجار ولو جار. ـ

34. 무소식이 희소식.

خبر الأخبار انقطاع الأخبار. ـ

35. 물에 빠진 사람은 지푸라기라도 잡는다.

ـ الفريق يتعلّق بالقشّة.

36. 뭉치면 살고 흩어지면 죽는다.

ـ اتّحاد نصر وتفرّقنا خسارة.

37. 미꾸라지 한마리가 웅덩이를 흐린다.

ـ السّمكة الخايسة تخيس السّمك كلّه.

38. 민심이 천심이다.

ـ صوت الشّعب هو صوت الله.

39. 반짝인다고 모두 금은 아니다.

ـ ليس كلّ ما يلمع ذهبا.

40. 발없는 말이 천리 간다.

ـ الخبر الشّيّيء يريع الاختشار.

41. 백문이 불여일견이다.

ـ المشاهدة أكبر برهان.

42. 백지장도 맞들면 낫다.

ـ الأيدي الكثيرة تجعل العمل خفيفا.

43. 벼는 익을 수록 고개를 숙인다.

ـ المياه الهادئة عميقة الغور.

44. 부뚜막의 소금도 집어 넣어야 짜다.

- من رغب في الثمرة فليتسلق الشجرة.

45. 부지런한 새가 벌레를 잡는다.

- العصفور المبكر يلتقط الديدان.

46. 불난데 부채질한다.

- يزيد النار اشتعالا.

47. 비온 뒤에 땅이 굳어 진다.

- بعد العاصفة يأتي الهدوء.

48. 빈대 잡으려다 초가삼간 태운다.

- لا تحرق منزلك لتتخلص من الجرذان.

49. 빈 수레가 더 요란하다.

- الصّحاف الفارغة تقعقع بشدَة.

50. 상부상조.

- الفرد للجميع والجميع للفرد.

51. 사공이 많으면 배가 산으로 올라 간다.

- رئيسان في مركب يغرقانه.

52. 사랑과 현명함은 동시에 가질 수 없다.

- لا يستطيع المرء أن يحبَ ويكون عاقلا.

53. 서울가서 김서방 찾는다.

ـ يبحث عن ابرة في كومة قشّ.

54. 서투른 목수가 장비만 나무란다.

ـ العامل الفاشل يضع اللُوم على أدواته.

55. 세살 버릇이 여든까지 간다.

ـ لا يستطيع النمر أن يغير جلدة.

56. 쇠가 달구어 졌을때 두들겨라.

انتهز الفرصة المناسبة.

57. 시작이 반이다.

اتقان البداية نصف العمل.

58. 시장이 반찬이다.

ـ الجوع أحسن أنواع التَّوابل.

59. 아내가 좋으면 처갓집 말뚝보고도 절한다.

ـ من أحبّنى أحبّ كلبى معا.

60. 아는 것이 힘이다.

ـ المعرفة قوَّة.

61. 아니 땐 굴뚝에 연기나랴.

ـ لا دخان بدون نار.

62. 양반은 얼어 죽어도 곁불은 안쬔다.

- النسور لا تصيد الذّباب.

63. 양지가 음지되고, 음지가 양지된다.

- الحياة فيها صعود كثير ونزول كثير.

64. 어물전 망신은 꼴뚜기가 시킨다.

- الطّاير السّيّىء هو الذي يدمر عشّه بيده.

65. 엎친데 덮친다.

- يزيد في الاذي اهانة.

66. 예방이 치료보다 낫다.

- الوفاية خير من العلاج.

67. 오는 말이 고와야 가는 말이 곱다.

- سأدفع الشرّ بمثله, تخربشني أخربشك.

68. 오십보 백보.

- يستوى الفشل القريب من النجاح والغشل الذزيع.

69. 옷이 날개다.

- الانسان يحسن بالهندام.

70. 용감한 자만이 미인을 얻는다.

- لا يستحقّ الخسناء إلا الشّجاع الجريء.

71. 원숭이도 나무에서 떨어질 때가 있다.

ـ لكلّ جواد كبوة ولكلّ عالم هفوة.

72. 유비무환.

ـ ابق خيرها لشرها.

73. 은혜를 원수로 갚는다.

ـ تقض اليد التي تطمعك.

74. 인과응보.

ـ كما تدين تُدان.

75. 자라 보고 놀란 가슴 솥 뚜껑 보고 놀란다.

ـ الطّفل المكتوي بالنّار يفزع منها.

76. 자업자득.

ـ الإنسان مسؤول عن اعماله.

77. 잔잔한 물이 깊게 흐른다.

ـ المياه الهادئة عميقة الفور.

78. 재주는 곰이 넘고 돈은 되놈이 먹는다.

ـ واحد يبذر والأخر يحصد.

79. 전화위복.

ـ لكلّ سحابة بطانة من فضّة.

80. 제 눈에 안경이다.

- الجمال في عين النّاظر.

81. 쥐구멍에도 볕들 날 있다.

- لكلّ كلب يومه.

82. 지렁이도 밟으면 꿈틀한다.

- قد يتغيّر حال أضعف المخلوقات حتّى الخشرة.

83. 짚신도 제 짝이 있다.

- لا بدّ أن يجد المرء خليله.

84. 참는 자에게 복이 온다.

- من صبر ظفر

85. 천리 길도 한 걸음부터.

- من يصعد السلّم يبدأ من الأسفل.

86. 침소봉대.

- يجعل من التلّ الصّغير جبال.

87. 칠전팔기.

- إذا لم تنجح مرّة, فعاود الكرّة أكثر من مرّة.

88. 티끌모아 태산.

- القليل بالقليل يكثر.

89. 평양감사도 제 싫으면 그만이다.

ـ تستطيع أن تقود الحصان إلى المياه ولكنه لا يستطيع أن تجبره على الشرب.

90. 펜은 칼보다 강하다.

ـ القلم أقوى من السّيف.

91. 피는 물보다 진하다.

ـ الدَم أشدَ كشافة من الماء.

92. 피할 수 없는 운명에는 순종하라.

ـ لا بد ممّا ليس منه بدّ.

93. 하늘은 스스로 돕는 자를 돕는다.

ـ إن الله تعالي يساعد أولئك الذين يساعدون أنفسهم.

94. 하룻 강아지 범 무서운 줄 모른다.

يندفع الشَياطين حيثُ تحشى الملائكة أن تطأ طريق الضّلال اسع فسيح.

95. 학문에는 왕도가 없다.

ـ لا وجود لطريق ملكي معبد للتَعليم.

96.   호랑이를 잡으려면 호랑이 굴로 들어 가라.

ـ لا يخاف الشَّوك من يطلب الورد.

97.   호랑이없는 골에는 토끼가 왕이다.

ـ حينما يغيب القطّ, تلعب الفيرات.

98.   호랑이에게 물려가도 정신만 차리면 산다.

ـ تمهّل وأنت تسوق فوق الحجارة.

99.   호미로 막을 것을 가래로 막는다.

ـ الغرزة في حينها توقر تسعا.

100.   화장실 갈때 마음 다르고 올때 마음 다르다.

ـ اذا زال الخطر نسب

요르단 암만 시내의 서점

참 고 문 헌

- 공일주, 1995, 《아랍어 문법》, 예영 커뮤니케이션.
- 김종도 & 윤용수 & 조희선 & 최진영, 2003, 《고등학교 실무 아랍어》, 교육인적자원부.
- 사희만, 이두선, 1984, 《현대 아랍어 작문 I》, 미스바사.
- 손주영, 2000, 《고급현대아랍어》, 한국외국어대학교 출판부
- 송경숙, 이종택, 1999, 《완벽 아랍어 문법》, 삼지사.
- 오명근, 2000, 《아랍어 번역 연구》, 한국외국어대학교 출판부.
- 윤용수, 2002, 아랍어의 역사적 발전과정 연구, 《중동연구》 Vol. 21.
- 이규철, 이두선, 1986, 《종합 아랍어》, 송산 출판사.
- 이인섭, 1988, 아랍어 인사말에 대한 연구, 《한국이슬람학회논총》 Vol.8.
- 이종택. 1995, 《현대 표준아랍어》, 명지대학교 출판부.

- Attar Samar, 1988, *Modern Arabic*, Librairie du Liban.
- Al - Munazamat al - Arab liltarbiyyat wa al - saqafat Al - ulum, *Al Mu jam Al - Arab al- Asasi*, Lildulus.
- Hassanein Ahmed Taher & Kamar Mostafa Abdou, 1991, *The Concise Arabic - English Lexicon of Verbs in Context*, The American University in Cairo Press.
- Mansy Abdul Aleem el Sayed, *The first Educational Sentence Dictionary*, Madbouly Bookshop.
- Edward Jurj, Business Letters, Dar El - Rateb Al - Jamiah.
- Wehr Hans, 1974, A *Dictionary of Modern Written Arabic*, Librairie du Liban. 등.

도 서 목 록

4주완성 독학 영어 첫걸음

지구촌 영어 첫걸음

영어회화 고민 이제 끝냅시다! I

영어회화 고민 이제 끝냅시다! II

아낌없이 주는 영어

비즈니스 영어

입에 술술 붙는 영단어

헷갈리는 영어 잡아먹기

톡톡튀는 신세대 영어 표현

패턴의 원리를 알면 영어가 보인다

간편한 여행 영어 회화

여행자를 위한 지구촌 영어 회화

눈으로 느끼고 가슴으로 읽는 영어

말장난으로 하는 영단어 DDR

1000만인 관광 영어 회화

영문 편지 쓰는 법

영어 왜 포기해 !

우리아이 영어와 재미있게 놀기

영어 교사를 위한 영어학

영어 커뮤니케이션 가이드

영어가 제일 쉬웠어요

다모아 답에태(단어장)

일석오조(영단어)

이것이 토종 미국 영어다

미국 영어가 보인다

영작문 패턴으로 따라잡기

Toefl Writing Master - class

Harvard Vocabulary

미국 영어 회화

영어명문 30선

쉬운 영어, 쉬운 일본어–청춘

쉬운 영어, 쉬운 일본어–정열

쉬운 영어, 쉬운 일본어–도약

4주완성 독학 일본어 첫걸음

지구촌 일본어 첫걸음

실용 일본어 회화

배낭 일본어

1000만인 관광 일본어 회화

일본어 단어장

편리한 회화 수첩

일본여행 110	성경으로 배우는 프랑스어
일본어 일기	4주완성 독학 스페인어 첫걸음
김영진 일본어 문법 핵심 정리	영어대조 스페인어 회화 (개정판)
꺽먹고 알먹는 일본어 첫걸음	노래로 배우는 스페인어 (1개)
김영진과 함께 떠나는 여행 일본어 회화	실용 서반어 회화
일본어 급소 찌르기	교양 스페인어
노래로 배우는 일본어 1	지구촌 이태리어 첫걸음
노래로 배우는 일본어 2	여행필수 이탈리아어 회화
4주완성 독학 중국어 첫걸음	영어대조 이탈리아어 회화
실용 중국어 회화	노래로 배우는 이탈리아어 (2개)
여행필수 중국어 회화	쉽게 배우는 이탈리아어 1
영어대조 중국어 회화	지구촌 독일어 첫걸음
최신 중국어법 노트	실용 독일어 회화
4주완성 독학 프랑스어 첫걸음	여행필수 독일어 회화
여행필수 프랑스어 회화	배낭 독일어
영어대조 프랑스어 회화	독일어 편지 쓰기
프랑스어 편지 쓰기	영어대조 독일어 회화
노래로 배우는 프랑스어 (1개)	독일어 무역 통신문
샹송으로 배우는 프랑스어 (2개)	PNdS독해평가
리듬테마로 배우는 프랑스어	PNdS청취평가 구두시험

PNdS핵심 독문법

최신 독일어

독일어 문법과 연습

노래로 배우는 독일어 (1개)

수능 독일어

배낭 유럽어

대학생을 위한 활용 독일어 Ⅰ (3개)

성경으로 배우는 독일어

대학생을 위한 활용 독일어 Ⅱ (3개)

4주완성 독학 러시아어 첫걸음

한국인을 위한 러시아어 첫걸음

여행필수 러시아어 회화

영어대조 러시아어 회화

표준 러시아어

표준 러시아어 회화

최신 러시아어 문법

러시아어 펜맨십 강좌

노브이 러시아어

노래로 배우는 러시아어

실용 아랍어 회화

여행필수 베트남어 회화

여행필수 태국어 회화

여행필수 말레이·인도네시아어 회화

여행필수 포르투갈어 회화

여행필수 네덜란드어 회화

여행필수 터키어 회화

여행필수 이란어 회화

여행필수 브라질·포르투갈어 회화

여행필수 폴란드어 회화

여행필수 크로아티아어 회화

여행필수 루마니아어 회화

여행필수 스웨덴어 회화

6개국어 회화

4개국어 회화

영어대조 태국어 회화

쉽게 배우는 브라질·포르투갈어

시사 이란어

기초 네덜란드어

알기 쉬운 이란어 쓰기

Speaking Korean (46판)

Speaking Korean (포켓판)	서한사전
스페인을 위한 한국어 회화	한 · 인니 사전
러시아인을 위한 한국어 회화	영어회화 고민 이제 끝냅시다! I 3개
프랑스인을 위한 한국어 회화	영어회화 고민 이제 끝냅시다! II 2개
독일인을 위한 한국어 회화	한국인을 위한 러시아어 첫걸음 4개
브라질,포르투갈인을 위한 한국어 회화	러시아인을 위한 한국어 회화 2개
중국인을 위한 한국어 회화	영어대조 프랑스어 회화 3개
한국어 4주간	영어대조 독일어 회화 3개
실용 한국어 회화	영어대조 태국어 회화 3개
활용 한국어 회화	여행필수 베트남어 회화 3개
한국어 왕래	여행필수 인도네시아어 회화 2개
한러사전	여행필수 태국어 회화 2개
러한사전	영어대조 스페인어 회화 3개
러한 한러 합본사전	성경으로 배우는 독일어 3개
학습 노한 사전	계몽사조에서 마르크스 주의까지
노노대사전	중국 그리고 실크로드
약어로 익히는 러시아어 사전	블라지미르 지리노프스끼 그는 누구인가?
한이 사전	러시아를 알려면 지리노프스끼를 보라
독한 입문 사전	러시아 정치 사상사
한자 요결 사전	번역의 기초 이론